小企业会计

姜龙　张洪波 ◎ 主编

中国财经出版传媒集团
中国财政经济出版社

图书在版编目（CIP）数据

小企业会计 / 姜龙，张洪波主编. --北京：中国财政经济出版社，2019.12.

ISBN 978-7-5095-9542-8

Ⅰ.①小… Ⅱ.①姜… ②张… Ⅲ.①中小企业-企业会计-教材 Ⅳ.①F276.3

中国版本图书馆 CIP 数据核字（2020）第 005964 号

责任编辑：张 莹　　责任校对：徐艳丽

封面设计：陈宇琰

中国财政经济出版社 出版

URL：http://www.cfeph.cn

E-mail：cfeph@cfeph.cn

社址：北京市海淀区阜成路甲 28 号 邮政编码：100142

营销中心电话：010-88191537

北京时捷印刷有限公司印刷 各地新华书店经销

710×1000 毫米 16 开 16 张 261 000 字

2020 年 4 月第 1 版 2020 年 4 月北京第 1 次印刷

定价：60.00 元

ISBN 978-7-5095-9542-8

（图书出现印装问题，本社负责调换）

本社质量投诉电话：010-88190744

打击盗版举报热线：010-88191661 QQ：2242791300

编委会

主　　编： 姜龙　张洪波

副 主 编： 潘学兵　王红　许晓莉　房梅　刘涛

编写人员（按姓氏笔画为序）

于珂　王梅　王晓红　刘发元　李婷　吴化利　张冠军　张家福　邵文龙　韩勇

前　言

当前，大众创业、万众创新的理念正日益深入人心。随着我国资源环境约束日益强化，要素的规模驱动力逐步减弱，传统的高投入、高消耗、粗放式发展方式难以为继，经济发展进入新常态，需要从要素驱动、投资驱动转向创新驱动。推进大众创业、万众创新，就是要通过结构性改革、体制机制创新，消除不利于创业创新发展的各种制度束缚和桎梏，支持各类市场主体不断开办新企业、开发新产品、开拓新市场，培育新兴产业，形成小企业“铺天盖地”、大企业“顶天立地”的发展格局，实现创新驱动发展，打造新引擎、形成新动力。

为了促进小企业发展以及财税政策日益丰富完善，形成以减费减免、资金支持、公共服务等为主要内容的促进中小企业发展的财税政策体系。2011 年 10 月 18 日，财政部发布《小企业会计准则》，要求相关小企业自 2013 年 1 月 1 日起执行，2004 年发布的《小企业会计制度》同时废止。

《小企业会计准则》的出台在很大程度上改变了《小企业会计制度》的内容，其在制定方式上借鉴了《企业会计准则》，在核算方法上又兼具小企业自身的特色，尤其在税收规范上，采取了和税法更为趋同的计量规则，大大简化了会计准则与税法的协调。在利税影响因素方面，相对于《企业会计准则》也有了具体的改进。一是简化核算要求，在会计计量方面，要求小企业采用历史成本计量；在财务报告方面，不要求提供所有者权益变动表。二是满足税收征管信息需求与有助于银行提供信贷相结合，以税务部门和银行作为小企业外部财务报告信息的主要使用者，基于这两者的信息需求确定会计核算的基本原则；减少了职业判断的内容，消除了小企业会计与税法的大部分差异。

为满足小企业会计核算的要求，我们编写了《小企业会计》教材，该教材共分两部分，第一部分为小企业会计，包括小企业会计概述，资产、负债、所有者权益、收入、费用、利润、利润分配、成本和外币业务的核算，财务报表的编制。第二部分为企业税收优惠政策汇编，包括企业初创期税收优惠（含小微企业税收优惠、重点群体创业就业税收优惠、创业就业平台税收优惠、对提供资金、非货币性资产投资助力的创投企业、金融机构等给予税收优惠），企业成长期税收优惠（含研发费用加计扣除政策、固定资产加速折旧政策、购买符合条件设备税收优惠、科技成果转化税收优惠、科研机构创新人才税收优惠），企业成熟期税收优惠政策（含高新技术企业税收优惠、软件企业税收优惠、集成电路企业税收优惠、动漫企业税收优惠）。

限于编者理论水平和实践能力，教材中可能存在着这样那样的缺点，需要进一步修改、完善和充实。希望读者提出宝贵意见，给予帮助指导。

编者

2019 年 11 月 10 日

目 录

第一部分 小企业会计

第一部分　小企业会计

第一章

小企业会计概述

第一节　小企业会计的特点

一、小企业划分标准

（一）财政部、国家税务总局对实施小微企业普惠性税收减免政策标准

《财政部　税务总局关于实施小微企业普惠性税收减免政策的通知》（财税〔2019〕13 号）第二条规定：

“一、对月销售额 10 万元以下（含本数）的增值税小规模纳税人，免征增值税。

二、对小型微利企业年应纳税所得额不超过 100 万元的部分，减按 25% 计入应纳税所得额，按 20% 的税率缴纳企业所得税；对年应纳税所得额超过 100 万元但不超过 300 万元的部分，减按 50% 计入应纳税所得额，按 20% 的税率缴纳企业所得税。

上述小型微利企业是指从事国家非限制和禁止行业，且同时符合年度应纳税所得额不超过 300 万元、从业人数不超过 300 人、资产总额不超过 5 000 万元等三个条件的企业。

从业人数，包括与企业建立劳动关系的职工人数和企业接受的劳务派遣用工人数。所称从业人数和资产总额指标，应按企业全年的季度平均值确定。具体计算公式如下：

季度平均值 =（季初值 + 季末值）÷2

全年季度平均值 = 全年各季度平均值之和 ÷4

年度中间开业或者终止经营活动的，以其实际经营期作为一个纳税年度确定上述相关指标。”

（二）工业和信息化部、国家统计局、国家发展和改革委员会、财政部规定标准

根据工业和信息化部、国家统计局、国家发展和改革委员会、财政部《关于印发中小企业划型标准规定的通知》（工信部联企业〔2011〕300 号）文件中对中小企业划型标准规定，中小企业划分为中型、小型、微型三种类型。具体标准根据企业从业人员、营业收入、资产总额等指标，各行业划型标准如下：

1. 农、林、牧、渔业。营业收入 20 000 万元以下的为中小微型企业。其中，营业收入 500 万元及以上的为中型企业，营业收入 50 万元及以上的为小型企业，营业收入 50 万元以下的为微型企业。

2. 工业。从业人员 1 000 人以下或营业收入 40 000 万元以下的为中小微型企业。其中，从业人员 300 人及以上，且营业收入 2 000 万元及以上的为中型企业；从业人员 20 人及以上，且营业收入 300 万元及以上的为小型企业；从业人员 20 人以下或营业收入 300 万元以下的为微型企业。

3. 建筑业。营业收入 80 000 万元以下或资产总额 80 000 万元以下的为中小微型企业。其中，营业收入 6 000 万元及以上，且资产总额 5 000 万元及以上的为中型企业；营业收入 300 万元及以上，且资产总额 300 万元及以上的为小型企业；营业收入 300 万元以下或资产总额 300 万元以下的为微型企业。

4. 批发业。从业人员 200 人以下或营业收入 40 000 万元以下的为中小微型企业。其中，从业人员 20 人及以上，且营业收入 5 000 万元及以上的为中型企业；从业人员 5 人及以上，且营业收入 1 000 万元及以上的为小型企业；从业人员 5 人以下或营业收入 1 000 万元以下的为微型企业。

5. 零售业。从业人员 300 人以下或营业收入 20 000 万元以下的为中小微型企业。其中，从业人员 50 人及以上，且营业收入 500 万元及以上的为中型企业；从业人员 10 人及以上，且营业收入 100 万元及以上的为小型企业；从业人员 10 人以下或营业收入 100 万元以下的为微型企业。

6. 交通运输业。从业人员 1 000 人以下或营业收入 30 000 万元以下的为

中小微型企业。其中，从业人员 300 人及以上，且营业收入 3 000 万元及以上的为中型企业；从业人员 20 人及以上，且营业收入 200 万元及以上的为小型企业；从业人员 20 人以下或营业收入 200 万元以下的为微型企业。

7. 仓储业。从业人员 200 人以下或营业收入 30 000 万元以下的为中小微型企业。其中，从业人员 100 人及以上，且营业收入 1 000 万元及以上的为中型企业；从业人员 20 人及以上，且营业收入 100 万元及以上的为小型企业；从业人员 20 人以下或营业收入 100 万元以下的为微型企业。

8. 邮政业。从业人员 1 000 人以下或营业收入 30 000 万元以下的为中小微型企业。其中，从业人员 300 人及以上，且营业收入 2 000 万元及以上的为中型企业；从业人员 20 人及以上，且营业收入 100 万元及以上的为小型企业；从业人员 20 人以下或营业收入 100 万元以下的为微型企业。

9. 住宿业。从业人员 300 人以下或营业收入 10 000 万元以下的为中小微型企业。其中，从业人员 100 人及以上，且营业收入 2 000 万元及以上的为中型企业；从业人员 10 人及以上，且营业收入 100 万元及以上的为小型企业；从业人员 10 人以下或营业收入 100 万元以下的为微型企业。

10. 餐饮业。从业人员 300 人以下或营业收入 10 000 万元以下的为中小微型企业。其中，从业人员 100 人及以上，且营业收入 2 000 万元及以上的为中型企业；从业人员 10 人及以上，且营业收入 100 万元及以上的为小型企业；从业人员 10 人以下或营业收入 100 万元以下的为微型企业。

11. 信息传输业。从业人员 2 000 人以下或营业收入 100 000 万元以下的为中小微型企业。其中，从业人员 100 人及以上，且营业收入 1 000 万元及以上的为中型企业；从业人员 10 人及以上，且营业收入 100 万元及以上的为小型企业；从业人员 10 人以下或营业收入 100 万元以下的为微型企业。

12. 软件和信息技术服务业。从业人员 300 人以下或营业收入 10 000 万元以下的为中小微型企业。其中，从业人员 100 人及以上，且营业收入 1 000 万元及以上的为中型企业；从业人员 10 人及以上，且营业收入 50 万元及以上的为小型企业；从业人员 10 人以下或营业收入 50 万元以下的为微型企业。

13. 房地产开发经营。营业收入 200 000 万元以下或资产总额 10 000 万元以下的为中小微型企业。其中，营业收入 1 000 万元及以上，且资产总额 5 000 万元及以上的为中型企业；营业收入 100 万元及以上，且资产总额 2 000 万元及以上的为小型企业；营业收入 100 万元以下或资产总额 2 000 万元以下的为微型企业。

14. 物业管理。从业人员 1 000 人以下或营业收入 5 000 万元以下的为中小微型企业。其中，从业人员 300 人及以上，且营业收入 1 000 万元及以上的为中型企业；从业人员 100 人及以上，且营业收入 500 万元及以上的为小型企业；从业人员 100 人以下或营业收入 500 万元以下的为微型企业。

15. 租赁和商务服务业。从业人员 300 人以下或资产总额 120 000 万元以下的为中小微型企业。其中，从业人员 100 人及以上，且资产总额 8 000 万元及以上的为中型企业；从业人员 10 人及以上，且资产总额 100 万元及以上的为小型企业；从业人员 10 人以下或资产总额 100 万元以下的为微型企业。

16. 其他未列明行业。从业人员 300 人以下的为中小微型企业。其中，从业人员 100 人及以上的为中型企业；从业人员 10 人及以上的为小型企业；从业人员 10 人以下的为微型企业。

二、小企业会计的特点

（一）统一采用历史成本计量

在会计计量方面，小企业应采用历史成本对会计要素进行计量。

1. 对小企业的资产要求按照成本计量，不再要求计提资产减值准备，资产实际损失的确定参照了《企业所得税法》中的有关认定标准。

2. 对小企业的长期债券投资不再要求按照公允价值入账，而是要求按照成本（购买价款加上相关税费减去实际支付价款中包含的已到付息期但尚未领取的债券利息）入账；对长期债券投资的利息收入不再要求在债务人应付利息日按照其摊余成本和实际利率计算，而是要求在债务人应付利息日按照债券本金和票面利率计算。

3. 对小企业融资租入固定资产的入账价值不再要求按照租赁开始日租赁资产公允价值与最低租赁付款额现值两者中较低者作为会计计量基础，而是要求按照租赁合同约定的付款总额和在签订租赁合同过程中发生的相关税费等确定。

4. 对小企业的负债不再要求按照公允价值入账，而是要求按照实际发生额入账；对小企业借款利息不再要求按照借款摊余成本和借款实际利率计算，而是要求按照借款本金和借款合同利率计算。

5. 在收入确认方面，不再要求遵循实质重于形式的原则，而是要求小企业采用发出商品或者提供劳务交易完成和收到货款或取得收款权利作为标准，减少关于风险与报酬转移的职业判断，同时就几种常见的销售方式明确规定了收入确认的时点。在收入计量方面，不再要求小企业按照从购买方已收或应收的合同或协议价款或者应收的合同或协议价款的公允价值确定收入的金额，而是要求按照从购买方已收或应收的合同或协议价款确定收入的金额。

（二）统一采用直线法摊销债券的折价或者溢价

在长期债券投资（或持有至到期投资）中的债券折价或者溢价的摊销方面，债券的折价或者溢价在债券存续期间内于确认相关债券利息收入时采用直线法进行摊销。

（三）统一采用成本法核算长期股权投资

在长期股权投资的后续计量方面，《小企业会计准则》则要求小企业统一采用成本法对长期股权投资进行会计处理。

（四）固定资产折旧年限和无形资产摊销期限的确定应当考虑税法的规定

《小企业会计准则》规定，小企业应当根据固定资产的性质和使用情况，并考虑税法的规定，合理确定固定资产的使用寿命和预计净残值。

《小企业会计准则》规定，无形资产的摊销期自其可供使用时开始至停止使用或出售时止；有关法律规定或合同约定了使用年限的，可以按照规定或约定的使用年限分期摊销；小企业不能可靠估计无形资产使用寿命的，摊销期不得低于10年。

（五）长期待摊费用的核算内容和摊销期限与税法保持一致

《小企业会计准则》对长期待摊费用的核算内容、摊销期限均与企业所得税法及其实施条例的规定完全一致。《小企业会计准则》规定，小企业的长期待摊费用包括已提足折旧的固定资产的改建支出、经营租入固定资产的改建支出、固定资产的大修理支出和其他长期待摊费用等；长期待摊费用应当在其摊销期限内采用年限平均法进行摊销。

（六）资本公积仅核算资本溢价（或股本溢价）

《小企业会计准则》规定，资本公积仅包括资本溢价（或股本溢价），是指小企业收到的投资者出资额超过其在注册资本或股本中所占份额的部分。

（七）采用应付税款法核算所得税

《小企业会计准则》要求企业采用应付税款法核算所得税，将计算的应交所得税确认为所得税费用，这大大简化了所得税的会计处理。

（八）取消了外币财务报表折算差额

《小企业会计准则》要求小企业对外币财务报表进行折算时，应当采用资产负债表日的即期汇率对外币资产负债表、利润表和现金流量表的所有项目进行折算。这样，小企业既不会产生外币财务报表折算差额，也减少了外币财务报表折算的工作量。

（九）简化了财务报表的列报和披露

小企业的财务报表至少应当包括资产负债表、利润表、现金流量表和附注四个组成部分，小企业不必编制所有者权益（或股东权益）变动表。考虑到小企业会计信息使用者的需求，《小企业会计准则》对现金流量表也进行了适当简化，无须披露将净利润调节为经营活动现金流量、当期取得或处置子公司及其他营业单位等信息。此外，小企业财务报表附注的披露内容大为减少、披露要求也有所降低。

（十）统一采用未来适用法对会计政策变更和会计差错更正进行会计处理

《小企业会计准则》要求小企业对会计政策变更、会计估计变更和会计差错更正均应当采用未来适用法进行会计处理，这大大简化了会计政策变更和会计差错更正的会计处理方法。

（十一）与税法保持协调

在实施《小企业会计准则》后，小企业除会计与税法之间不可能消除的永久性差异以外，只有在少数情况下才可能产生暂时性差异。例如，小企业在收到与资产相关的政府补助、收到用于补偿小企业以后期间相关费用或亏损的其他政府补助时，《小企业会计准则》要求确认为递延收益，而税法要求在收到政府补助时一次性计入当期收入或者在符合条件的情况下作为不征税收入，导致小企业会计与税法存在差异。

由于《小企业会计准则》基本消除了小企业会计与税法的差异，需要小企业进行纳税调整的交易或事项较少，因此《小企业会计准则》要求小企业在财务报表附注中增加纳税调整的说明，披露“对已在资产负债表和利润表中列示项目与企业所得税法规定存在差异的纳税调整过程”。

第二节　小企业会计科目的设置

根据《小企业会计准则》要求，小企业会计核算一般应设置 67 个会计科目，小企业会计科目和明细科目表 1－1 所示：

表 1－1　　小企业会计科目和明细科目表

顺序号	编　号	会计科目名称
		一、资产类
1	1001	库存现金
		人民币
		外币
2	1002	银行存款
		人民币
		××银行
		××外币
		××银行
3	1012	其他货币资金
		银行汇票
		银行本票
		信用卡
		信用证保证金
		外埠存款
		××银行
4	1101	短期投资
		股票
		××股票

续表

顺序号	编　号	会计科目名称
		债券
		××债券
		基金
		××基金
5	1121	应收票据
		单位
		××单位
6	1122	应收账款
		单位
		××单位
		个人
		××个人
7	1123	预付账款
		单位
		××单位
		个人
		××个人
8	1131	应收股利
		××单位
9	1132	应收利息
		××单位
10	1221	其他应收款
		单位
		××单位
		个人
		××个人
11	1401	材料采购
		××单位
		××材料
12	1402	在途物资
		××单位
		××材料

续表

顺序号	编　　号	会计科目名称
13	1403	原材料
		××材料
14	1404	材料成本差异
		原材料成本差异
		周转材料成本差异
15	1405	库存商品
		××商品（或产品）
16	1407	商品进销差价
		××商品进销差价
17	1408	委托加工物资
		××物资（或××单位）
18	1411	周转材料
		××周转材料
		在库
		在用
		摊销
19	1421	消耗性生物资产
		××种类（群别）
20	1501	长期债券投资
		××债券
		面值
		溢折价
		应计利息
21	1511	长期股权投资
		××单位
22	1601	固定资产
		房屋建筑物
		××房屋建筑物
		机器、机械和其他生产设备
		××设备
		与生产经营有关的器具工具家具
		××器具工具家具

续表

顺序号	编　号	会计科目名称
		运输工具
		××运输工具
		电子设备
		××设备
23	1602	累计折旧
		房屋建筑物
		××房屋建筑物
		机器、机械和其他生产设备
		××设备
		与生产经营有关的器具工具家具
		××器具工具家具
		运输工具
		××运输工具
		电子设备
		××设备
24	1604	在建工程
		××工程
		材料费
		××材料费
		设备费
		××设备费
		人工费
		××人工费
		管理费
		××费
25	1605	工程物资
		××物资
26	1606	固定资产清理
		房屋建筑物
		××房屋建筑物
		机器、机械和其他生产设备
		××设备

续表

顺序号	编　号	会计科目名称
		与生产经营有关的器具工具家具
		××器具工具家具
		运输工具
		××运输工具
		电子设备
		××设备
27	1621	生产性生物资产
		未成熟生产性生物资产
		××种类（或群别）
		成熟生产性生物资产
		××种类（或群别）
28	1622	生产性生物资产累计折旧
		未成熟生产性生物资产
		××种类（或群别）
		成熟生产性生物资产
		××种类（或群别）
29	1701	无形资产
		××无形资产
30	1702	累计摊销
		××无形资产
31	1801	长期待摊费用
		××费用
32	1901	待处理财产损溢
		待处理流动资产损溢
		××资产
		待处理非流动资产损溢
		××资产
		二、负债类
33	2001	短期借款
		××银行（或借款种类）
34	2201	应付票据
		××单位（××汇票）

续表

顺序号	编　号	会计科目名称
35	2202	应付账款
		单位
		××单位
		个人
		××个人
36	2203	预收账款
		单位
		××单位
		个人
		××个人
37	2211	应付职工薪酬
		职工工资
		奖金
		津贴和补贴
		职工福利费
		社会保险费
		住房公积金
		工会经费
		职工教育经费
		非货币性福利
		辞退福利
38	2221	应交税费
		应交增值税
		进项税额
		加计递减额
		已交税金
		销项税额
		进项税额转出
		出口退税
		未交增值税
		应交消费税
		应交城市维护建设税

续表

顺序号	编　号	会计科目名称
		应交企业所得税
		应交资源税
		应交土地增值税
		应交城镇土地使用税
		应交房产税
		应交车船税
		应交教育费附加
		应交环境保护税
		应交地方教育费附加
		应交地方水利基金
		应交矿产资源补偿费
		应交排污费
39	2231	应付利息
		××投资者（或××金融机构）
40	2232	应付利润
		××投资者
41	2241	其他应付款
		单位
		××单位
		个人
		××个人
42	2401	递延收益
		××收益
43	2501	长期借款
		××银行（或借款种类）
44	2701	长期应付款
		单位
		××单位
		个人
		××个人
		三、所有者权益类
45	3001	实收资本

续表

顺序号	编　号	会计科目名称
		国家资本金
		××单位
		法人资本金
		××单位
		个人资本金
		××人
		外商资本金
		××外商
		已归还投资
		××投资者
46	3002	资本公积
		投资者出资超出其注册资本
		外币资本折算差额
47	3101	盈余公积
		法定盈余公积
		任意盈余公积
		利润归还投资
48	3103	本年利润
49	3104	利润分配
		应付利润
		盈余公积补亏
		利润归还投资
		未分配利润
		四、成本类
50	4001	生产成本
		基本生产成本
		××产品
		直接材料
		直接人工
		制造费用
		辅助生产成本
		××车间

续表

顺序号	编　号	会计科目名称
		直接材料
		直接人工
		制造费用
51	4002	劳务成本
		××项目成本
		直接材料
		直接人工
		制造费用
52	4101	制造费用
		××车间
		工资
		福利费
		办公费
		折旧费
		修理费
		机物料消耗
		停工损失
53	4301	研发支出
		××项目
		费用化支出
		××支出
		资本化支出
		××支出
54	4401	工程施工
		××项目
		合同成本
		直接材料
		直接人工
		制造费用
		间接费用
		职工薪酬
		财产保险费

续表

顺序号	编　号	会计科目名称
		工程保修费
		固定资产折旧费
55	4403	机械作业
		××设备
		直接材料
		直接人工
		制造费用
		五、损益类
56	5001	主营业务收入
		××收入
57	5051	其他业务收入
		××收入
58	5111	投资收益
		××投资收益
59	5301	营业外收入
		非流动资产处置净收益
		政府补助
		捐赠收益
		盘盈收益
		汇兑收益
		出租包装物和商品的租金收入
		逾期未退包装物押金收益
		确实无法偿付的应付款项
		坏账收回款项
		违约金收益
60	5401	主营业务成本
		××成本
61	5402	其他业务成本
		××成本
62	5403	营业税金及附加
		附加税费
		印花税

续表

顺序号	编　　号	会计科目名称
		消费税
		资源税
		土地增值税
		城镇土地使用税
		房产税
		车船税
		环境保护税
		矿产资源补偿费
		排污费
63	5601	销售费用
		工资
		福利费
		社保费
		商品维修费
		运杂费
		广告费
		业务宣传费
		展览费
64	5602	管理费用
		工资
		福利费
		社保费
		办公费
		业务招待费
		水电费
		折旧费
		差旅费
		修理费
65	5603	财务费用
		利息费用（减利息收入）
		银行手续费
		汇兑损失

续表

顺序号	编　　号	会计科目名称
66	5711	营业外支出
		存货的盘亏、毁损、报废损失
		非流动资产处置净损失
		坏账损失
		长期债券投资损失
		长期股权投资损失
		自然灾害损失
		税收滞纳金、罚金、罚款
		被没收财物的损失
		捐赠支出
		赞助支出
67	5801	所得税费用
		本年度所得税
		补缴以前年度所得税

第三节　小企业会计凭证

会计凭证是记录经济业务、明确经济责任、据以登记账簿的书面证明。每个小企业都必须按一定的程序填制和审核会计凭证，根据审核无误的会计凭证进行账簿登记，如实反映企业的经济业务。会计凭证按其编制程序和用途的不同，分为原始凭证和记账凭证。

一、原始凭证

原始凭证是记录经济业务发生从开始至完成全过程的书面证明。小企业办理会计事项，必须取得或者填制原始凭证，并及时送交会计机构，以保证会计核算工作得以顺利进行；同时，为了保持原始凭证记录的实际情况，对原始凭证不能涂改、挖补，如果发现原始凭证有错误的，应当由开出单位重开或者更正，更正处应当加盖开出单位的公章。

原始凭证必须具备的基本要素是：凭证的名称；填制凭证的日期；填制凭证单位名称或者填制人姓名；经办人员的签名或者盖章；接受凭证单位名称；经济业务内容、数量、单价和金额。

对一些特殊情况的原始凭证，除应当具备原始凭证的上述内容外，还应当符合一定的附加条件。

1. 从外单位取得的原始凭证，必须盖有填制单位的公章；相应的，对外开出的原始凭证，必须加盖本单位的公章。从个人取得的原始凭证，必须有填制人员的签名或者盖章。在实际工作中，有些单位存在“白条”问题，即用单位或者个人开具的、没有固定格式的、不具备规定内容的非正式原始凭证，如外单位没有加盖公章的借款单据等。显然，用“白条”充当原始凭证是不符合制度要求的，在会计工作中应当避免出现“白条”。

这里所说的“公章”，是指具有法律效力和特定用途，能够证明单位身份和性质的印鉴，包括业务公章、财务专用章、发票专用章、结算专用章等。

2. 自制的原始凭证，必须有经办单位的领导人或者由单位领导人指定的人员签名或者盖章。

3. 购买实物的原始凭证，必须有验收证明。这样要求，目的是为了明确经济责任，保证账物相符，防止盲目采购，避免物资短缺和流失。实物验收工作由经管实物的人员负责办理，会计人员通过有关的原始凭证进行监督检查。需要入库的实物，必须填写入库验收单，由实物保管人员验收后在入库单上如实填写实收数额，并加盖印章；不需要入库的实物，除经办人员在凭证上签章外，必须交给实物保管人员或者使用人员进行验收，由实物保管人员或者使用人员在凭证上签名或者盖章。总之，必须有购买人以外的第三者查证核实后，会计人员才能据以入账。

4. 支付款项的原始凭证，必须有收款单位和收款人的收款证明，不能仅以支付款项的有关凭证如银行汇款凭证等代替。其目的是为了防止舞弊行为的发生。

5. 发生销货退回的，除填制退货发票外，还必须有退货验收证明。退款时，必须取得对方的收款收据或者汇款银行的凭证，不得以退货发票代替收据。在实际工作中，有些单位发生销售退回，收到的退货没有验收证明，造成退货流失。在办理退款时，开出红字发票，并以红字发票副本作为本单位付款的原始凭证，既不经对方单位盖章收讫，也不附对方单位收到退款的收据。这种做法容易发生舞弊行为，漏洞很大。因此，发生销货退回及退还货款时，必须填制退货发票并附有退货验收证明和对方的收款收据。如果由于特殊情况，可先用银行的有关凭证作为临时收据，待收到收款单位的收款证明后，再将其附在原付款凭证之后，作为正式原始凭证。

6. 职工公出借款凭证，必须附在记账凭证之后。收回借款时，应当另开收据或者退还借款副本，不得退还原借款收据。因为，借款和还回借款，是互有联系的两项经济业务，在借款和还回借款发生时，必须分别在会计账目上独自反映出来，因此，借款收据和收还借款的收据都是原始凭证，必须予以保留，不能将原借款收据退还借款人，否则，将会使会计资料失去完整性。

7. 经上级有关部门批准的经济业务，应当将批准文件作为原始凭证附件。如果批准文件需要单独归档的，应当附复印件或在凭证上注明文件的批准机关名称、日期和文号，以便确认经济业务的审批情况和查阅。

二、记账凭证

记账凭证是根据原始凭证填制的，用来编制会计分录，据以登记账簿的一种会计凭证。小企业会计人员必须根据审核无误的原始凭证填制记账凭证。记账凭证可以分为收款凭证、付款凭证和转账凭证，也可以使用通用记账凭证，这主要由各单位根据会计业务量的多少和会计人员的习惯选择使用。

1. 记账凭证必须具备的内容。包括：填制凭证的日期；凭证编号；经济业务摘要；会计科目；金额；所附原始凭证张数；填制凭证人员、稽核人员、记账人员、会计机构负责人（会计主管人员）签名或者盖章。收付款的记账凭证还应当由出纳人员签名或者盖章。以自制的原始凭证或者原始凭证汇总表代表记账凭证的，也必须具备记账凭证应有的项目。

2. 填制记账凭证时，应当对记账凭证进行连续编号。目的是为了分清会计事项处理的先后顺序，便于记账凭证与会计账簿核对，确保记账凭证完整无缺。编号的方法可以有多种，可以按照现金收付、银行存款收付和转账业务三类进行编号，或者按现金收入、现金支出、银行存款收入、银行存款支出和转账五类进行编号，也可以再将转账业务按照具体内容分成几类编号。各单位应当根据本单位业务繁简程度和人员多寡、分工情况，来选择便于记账、查账、内部稽核、简单严密的编号方法。无论采用哪一类编号方法，都应按月顺序编号，即每月从第一号编起，顺序编至月末。一笔经济业务需要填制两张或者两张以上记账凭证的，可以采用分数编号法编号，如1号会计事项分录需要填制三张记账凭证，即可编成$1\frac{1}{3}$、$1\frac{2}{3}$、$1\frac{3}{3}$号。

3. 记账凭证可以根据每一张原始凭证填制，或者根据若干张同类原始凭证汇总填制，也可以根据原始凭证汇总表填制。但不得将不同内容和类别的原始凭证汇总填制在一张记账凭证上，否则，经济业务的具体内容不清楚，难以填写摘要，会计科目也因没有明确的对应关系而看不清经济业务的来龙去脉，这样填制记账凭证，不仅凭证自身记录不清楚，也容易造成会计账簿记录的错误，给记账、算账人员带来困难。

4. 除结账和更正错误的记账凭证可以不附原始凭证外，其他记账凭证必须附原始凭证，并注明所附原始凭证张数。所附原始凭证张数的计算，一般应以原始凭证的自然张数为准。凡是与记账凭证中的经济业务记录有关的每一张证据，都应作为原始凭证的附件。如果记账凭证中附有原始凭证汇总表，应该把所附的原始凭证和原始凭证汇总表的张数一起计入附件张数之内。但对于报销差旅费等零散票券，可以粘贴在一张纸上，作为一张原始凭证。如果一张原始凭证涉及几张记账凭证的，可以把原始凭证附在一张主要的记账凭证后面，并在其他记账凭证上注明附有该原始凭证的记账凭证的编号或者原始凭证复印件。

5. 原始凭证分割单的填制。原始凭证分割单是指一张原始凭证所列的费用应由两个以上单位共同负担的情况下，保存原始凭证的主办单位开给其他应负担部分费用支出的单位的证明。这种分割单必须具备原始凭证的基本内容，包括：凭证名称、填制凭证日期、填制凭证单位名称或者填制人姓名、经办人员的签名或者盖章、接受凭证单位名称、经济业务内容、数量、单价、金额和费用分摊情况等。

6. 记账凭证的改错方法。如果在填制记账凭证时发生错误，应当重新填制。如果是已经登记入账的记账凭证在当年内发现错误的，可以用红字注销法进行更正。如果会计科目没有错误，只是金额错误，可以将正确数字与错误数字之间的差额，另编一张调整的记账凭证。如果发现以前年度记账凭证有错误的，应当用蓝字填制一张更正的记账凭证。

7. 记账凭证填制完经济业务事项后，如有空行，应当自最后一笔金额数字下的空行处至合计数上的空行处划线注销。目的是堵塞漏洞，严密会计核算手续。

8. 机制记账凭证的要求。实行会计电算化的单位，对于机制记账凭证应当符合记账凭证的一般要求，打印出来的机制记账凭证要加盖制单人员、审核人员、记账人员及会计机构负责人、会计主管人员印章或者签字，以加强审核，明确责任。

三、会计凭证的保管要求

会计凭证是重要的会计核算资料，因此，填制会计凭证的字迹必须清晰、工整，以便于辨认和防止篡改。

1. 会计凭证要及时传递，不得积压，以保证会计核算的及时、正常进行。

2. 会计凭证登记完毕后，应当按照分类和编号顺序保管，特别是记账凭证应当连同所附的原始凭证等要按照规定的要求装订、保管，不得散失。

3. 原始凭证不得外借，其他单位确需借用的，可以提供复制件，但应当履行严格的报批和借用登记手续。

4. 从外单位取得的原始凭证如有遗失，应当取得原开出单位盖有公章的证明，并注明原来凭证的号码、金额和内容等，由经办单位会计机构负责人、会计主管人员和单位领导人批准后，才能代作原始凭证。如果确实无法取得证明的，如火车、轮船、飞机票等凭证，由当事人写出详细情况，由经办单位会计机构负责人、会计主管人员和单位领导人批准后，代作原始凭证。

第二章

资产的核算

资产，是指小企业过去的交易或者事项形成的、由小企业拥有或者控制的、预期会给小企业带来经济利益的资源。小企业的资产按照流动性，可分为流动资产和非流动资产。小企业的资产应当按照成本计量，不计提资产减值准备。

第一节　流动资产的核算

一、流动资产

小企业的流动资产，是指预计在 1 年内（含 1 年，下同）或超过 1 年的一个正常营业周期内变现、出售或耗用的资产。小企业的流动资产包括：货币资金、短期投资、应收及预付款项、存货等。

（一）短期投资

短期投资是指小企业购入的能随时变现并且持有时间不准备超过 1 年（含 1 年，下同）的投资，如小企业以赚取差价为目的从二级市场购入的股票、债券、基金等。短期投资应当按照以下规定进行会计处理：

1. 以支付现金取得的短期投资，应当按照购买价款和相关税费作为成本进行计量。实际支付价款中包含的已宣告但尚未发放的现金股利或已到付息期但尚未领取的债券利息，应当单独确认为应收股利或应收利息，不计入短期投资的成本。

2. 在短期投资持有期间，被投资单位宣告分派的现金股利或在债务人应付利息日按照分期付息、一次还本债券投资的票面利率计算的利息收入，应当计入投资收益。

3. 出售短期投资，出售价款扣除其账面余额、相关税费后的净额，应当计入投资收益。

（二）应收及预付款项

应收及预付款项是指小企业在日常生产经营活动中发生的各项债权。包括：应收票据、应收账款、应收股利、应收利息、其他应收款等应收款项和预付账款。应收及预付款项应当按照发生额入账。小企业应收及预付款项符合下列条件之一的，减除可收回的金额后确认的无法收回的应收及预付款项，作为坏账损失：

1. 债务人依法宣告破产、关闭、解散、被撤销，或者被依法注销、吊销营业执照，其清算财产不足清偿的。

2. 债务人死亡，或者依法被宣告失踪、死亡，其财产或者遗产不足清偿的。

3. 债务人逾期 3 年以上未清偿，且有确凿证据证明已无力清偿债务的。

4. 与债务人达成债务重组协议或法院批准破产重整计划后，无法追偿的。

5. 因自然灾害、战争等不可抗力导致无法收回的。

6. 国务院财政、税务主管部门规定的其他条件。应收及预付款项的坏账损失应当于实际发生时计入营业外支出，同时冲减应收及预付款项。

（三）存货

存货是指小企业在日常生产经营过程中持有以备出售的产成品或商品、处在生产过程中的在产品、将在生产过程或提供劳务过程中耗用的材料和物料等，以及小企业（农、林、牧、渔业）为出售而持有的、或在将来收获为农产品的消耗性生物资产。小企业的存货包括：原材料、在产品、半成品、产成品、商品、周转材料、委托加工物资、消耗性生物资产等。

1. 原材料，是指小企业在生产过程中经加工改变其形态或性质并构成产品主要实体的各种原料及主要材料、辅助材料、外购半成品（外购件）、修理用备件（备品备件）、包装材料、燃料等。

2. 在产品，是指小企业正在制造尚未完工的产品。包括：正在各个生产工序加工的产品，以及已加工完毕但尚未检验或已检验但尚未办理入库手续的产品。

3. 半成品，是指小企业经过一定生产过程并已检验合格交付半成品仓库保管，但尚未制造完工成为产成品，仍需进一步加工的中间产品。

4. 产成品，是指小企业已经完成全部生产过程并已验收入库，符合标准规格和技术条件，可以按照合同规定的条件送交订货单位，或者可以作为商品对外销售的产品。

5. 商品，是指小企业（批发业、零售业）外购或委托加工完成并已验收入库用于销售的各种商品。

6. 周转材料，是指小企业能够多次使用、逐渐转移其价值但仍保持原有形态且不确认为固定资产的材料。包括：包装物、低值易耗品、小企业（建筑业）的钢模板、木模板、脚手架等。

7. 委托加工物资，是指小企业委托外单位加工的各种材料、商品等物资。

8. 消耗性生物资产，是指小企业（农、林、牧、渔业）生长中的大田作物、蔬菜、用材林以及存栏待售的牲畜等。

小企业取得的存货，应当按照成本进行计量。

1. 外购存货的成本包括：购买价款、相关税费、运输费、装卸费、保险费以及在外购存货过程发生的其他直接费用，但不含按照税法规定可以抵扣的增值税进项税额。

2. 通过进一步加工取得存货的成本包括：直接材料、直接人工以及按照一定方法分配的制造费用。经过 1 年期以上的制造才能达到预定可销售状态的存货发生的借款费用，也计入存货的成本。前款所称借款费用，是指小企业因借款而发生的利息及其他相关成本。包括：借款利息、辅助费用以及因外币借款而发生的汇兑差额等。

3. 投资者投入存货的成本，应当按照评估价值确定。

4. 提供劳务的成本包括：与劳务提供直接相关的人工费、材料费和应分摊的间接费用。

5. 自行栽培、营造、繁殖或养殖的消耗性生物资产的成本，应当按照下列规定确定：

（1）自行栽培的大田作物和蔬菜的成本包括：在收获前耗用的种子、肥料、农药等材料费、人工费和应分摊的间接费用。

（2）自行营造的林木类消耗性生物资产的成本包括：郁闭前发生的造林

费、抚育费、营林设施费、良种试验费、调查设计费和应分摊的间接费用。

(3) 自行繁殖的育肥畜的成本包括：出售前发生的饲料费、人工费和应分摊的间接费用。

(4) 水产养殖的动物和植物的成本包括：在出售或入库前耗用的苗种、饲料、肥料等材料费、人工费和应分摊的间接费用。

6. 盘盈存货的成本，应当按照同类或类似存货的市场价格或评估价值确定。

小企业应当采用先进先出法、加权平均法或者个别计价法确定发出存货的实际成本。计价方法一经选用，不得随意变更。对于性质和用途相似的存货，应当采用相同的成本计算方法确定发出存货的成本。对于不能替代使用的存货、为特定项目专门购入或制造的存货以及提供的劳务，采用个别计价法确定发出存货的成本。对于周转材料，采用一次转销法进行会计处理，在领用时按其成本计入生产成本或当期损益；金额较大的周转材料，也可以采用分次摊销法进行会计处理。出租或出借周转材料，不需要结转其成本，但应当进行备查登记。对于已售存货，应当将其成本结转为营业成本。

小企业应当根据生产特点和成本管理的要求，选择适合于本企业的成本核算对象、成本项目和成本计算方法。小企业发生的各项生产费用，应当按照成本核算对象和成本项目分别归集。

(1) 属于材料费、人工费等直接费用，直接计入基本生产成本和辅助生产成本。

(2) 属于辅助生产车间为生产产品提供的动力等直接费用，可以先作为辅助生产成本进行归集，然后按照合理的方法分配计入基本生产成本；也可以直接计入所生产产品发生的生产成本。

(3) 其他间接费用应当作为制造费用进行归集，月度终了，再按一定的分配标准，分配计入有关产品的成本。

存货发生毁损，处置收入、可收回的责任人赔偿和保险赔款，扣除其成本、相关税费后的净额，应当计入营业外支出或营业外收入。盘盈存货实现的收益应当计入营业外收入。盘亏存货发生的损失应当计入营业外支出。

二、流动资产的核算

(一) 库存现金

库存现金科目核算小企业的库存现金，期末借方余额，反映小企业持有的库存现金。小企业有内部周转使用备用金的，可以单独设置“1004 备用金”科目。

1. 库存现金的主要账务处理：

（1）小企业增加库存现金：

借：库存现金——人民币

　　贷：银行存款——人民币（××银行）

（2）减少库存现金，做相反的会计分录。

2. 小企业应当设置“库存现金日记账”，由出纳人员根据收付款凭证，按照业务发生顺序逐笔登记。每日终了，应当计算当日的现金收入合计额、现金支出合计额和结余额，将结余额与实际库存额核对，做到账款相符。

有外币现金的小企业，还应当分别按照人民币和外币进行明细核算。

3. 每日终了结算现金收支、财产清查等发现的有待查明原因的现金短缺或溢余，应通过“待处理财产损溢”科目核算。

（1）属于现金短缺，应按照实际短缺的金额：

借：待处理财产损溢——待处理流动资产损溢

　　贷：库存现金——人民币

（2）属于现金溢余，按照实际溢余的金额

借：库存现金——人民币

　　贷：待处理财产损溢——待处理流动资产损溢

（二）银行存款

银行存款科目核算小企业存入银行或其他金融机构的各种款项，本科目期末借方余额，反映小企业存在银行或其他金融机构的各种款项。

1. 银行存款的主要账务处理。

（1）小企业增加银行存款：

借：银行存款——人民币（××银行）

　　贷：库存现金——人民币

　　　　应收账款——××单位

（2）减少银行存款，做相反的会计分录。

2. 小企业应当按照开户银行和其他金融机构、存款种类等设置“银行存款日记账”，由出纳人员根据收付款凭证，按照业务的发生顺序逐笔登记。每日终了，应结出余额。

“银行存款日记账”应定期与“银行对账单”核对，至少每月核对一次。小企业银行存款账面余额与银行对账单余额之间如有差额，应编制“银行存款余额调节表”调节相符。

有外币银行存款的小企业，还应当分别按照人民币和外币进行明细核算。

（三）其他货币资金

其他货币资金科目核算小企业的银行汇票存款、银行本票存款、信用卡存款、信用证保证金存款、外埠存款、备用金等其他货币资金。期末借方余额，反映小企业持有的其他货币资金。

1. 本科目应按照银行汇票或本票、信用卡发放银行、信用证的收款单位，外埠存款的开户银行，分别“银行汇票”“银行本票”“信用卡”“信用证保证金”“外埠存款”等进行明细核算。

2. 其他货币资金的主要账务处理。

（1）小企业增加其他货币资金：

借：其他货币资金——银行汇票
　　　　　　　　——银行本票
　　　　　　　　——信用卡
　　　　　　　　——信用证保证金
　　　　　　　　——外埠存款（××银行）
　贷：银行存款——人民币（××银行）

（2）减少其他货币资金，做相反的会计分录。

（四）短期投资

短期投资科目核算小企业购入的能随时变现并且持有时间不准备超过1年（含1年，下同）的投资，期末借方余额，反映小企业持有的短期投资成本。

1. 本科目应按照股票、债券、基金等短期投资种类进行明细核算。

2. 短期投资的主要账务处理。

（1）小企业购入各种股票、债券、基金等作为短期投资的，应当按照实际支付的购买价款和相关税费：

借：短期投资——股票（××股票）
　　　　　　——债券（××债券）

——基金（××基金）

贷：银行存款——人民币（××银行）

小企业购入股票，如果实际支付的购买价款中包含已宣告但尚未发放的现金股利，应当按照实际支付的购买价款和相关税费扣除已宣告但尚未发放的现金股利后的金额：

借：短期投资——股票（××股票）

应收股利——××单位【应收的现金股利】

贷：银行存款——人民币（××银行）【实际支付的购买价款和相关税费】

小企业购入债券，如果实际支付的购买价款中包含已到付息期但尚未领取的债券利息：

借：短期投资——债券（××债券）【实际支付的购买价款和相关税费扣除已到付息期但尚未领取的债券利息后的金额】

应收利息——××单位【应收的债券利息】

贷：银行存款——人民币（××银行）【实际支付的购买价款和相关税费】

（2）在短期投资持有期间，被投资单位宣告分派的现金股利：

借：应收股利——××单位

贷：投资收益——××债券投资收益

在债务人应付利息日，按照分期付息、一次还本债券投资的票面利率计算的利息收入：

借：应收利息——××单位

贷：投资收益——××债券投资收益

（3）出售短期投资时：

借：银行存款——人民币（××银行）【实际收到的出售价款】

投资收益——××债券投资收益【差额】

贷：短期投资——股票（××股票）【账面余额】

——债券（××债券）【账面余额】

——基金（××基金）【账面余额】

应收股利——××单位【尚未收到的现金股利或债券利息】

应收利息——××单位【尚未收到的现金股利或债券利息】

投资收益——××债券投资收益【差额】

（五）应收票据

应收票据科目核算小企业因销售商品（产成品或材料，下同）、提供劳务等日常生产经营活动而收到的商业汇票（银行承兑汇票和商业承兑汇票），期末借方余额，反映小企业持有的商业汇票的票面金额。

1. 本科目应按照开出、承兑商业汇票的单位进行明细核算。

2. 应收票据的主要账务处理。

（1）小企业因销售商品、提供劳务等而收到开出、承兑的商业汇票：

借：应收票据——单位（××单位）【商业汇票的票面金额】

贷：主营业务收入——××收入【确认的营业收入】

应交税费——应交增值税（销项税额）

（2）持未到期的商业汇票向银行贴现时：

借：银行存款——人民币（××银行）【实际收到的金额即减去贴现息后的净额】

财务费用——利息费用【贴现息】

贷：应收票据——单位（××单位）【商业汇票的票面金额（银行无追索权情况下）】

短期借款——××银行【银行有追索权情况下】

（3）将持有的商业汇票背书转让以取得所需物资，按照应计入取得物资成本的金额：

借：材料采购——××单位（××材料）

原材料——××材料

应交税费——应交增值税（进项税额）

库存商品——××商品

银行存款——人民币（××银行）【差额】

贷：应收票据——单位（××单位）【商业汇票的票面金额】

银行存款——人民币（××银行）【差额】

（4）商业汇票到期时：

借：银行存款——人民币（××银行）【实际收到的金额】

贷：应收票据——单位（××单位）

因付款人无力支付票款，或到期不能收回应收票据，应按照商业汇票的票面金额：

借：应收账款——××单位

　　贷：应收票据——单位（××单位）

3. 小企业应当设置"应收票据备查簿"，逐笔登记商业汇票的种类、号数和出票日、票面金额、交易合同号和付款人、承兑人、背书人的姓名或单位名称、到期日、背书转让日、贴现日、贴现率和贴现净额以及收款日期和收回金额、退票情况等资料。商业汇票到期结清票款或退票后，在备查簿中应予注销。

（六）应收账款

应收账款科目核算小企业因销售商品、提供劳务等日常生产经营活动应收取的款项，本科目期末借方余额，反映小企业尚未收回的应收账款。

1. 本科目应按照对方单位（或个人）进行明细核算。

2. 应收账款的主要账务处理。

（1）小企业因销售商品或提供劳务形成应收账款，应当按照应收金额：

借：应收账款——单位（××单位）

　　贷：主营业务收入——××收入

　　　　其他业务收入——××收入

　　　　应交税费——应交增值税（销项税额）

（2）收回应收账款时：

借：银行存款——人民币（××银行）

　　库存现金——人民币

　　贷：应收账款——单位（××单位）

（3）按照小企业会计准则规定确认应收账款实际发生的坏账损失，应当按照可收回的金额：

借：银行存款——人民币（××银行）

　　营业外支出——坏账损失

　　贷：应收账款——××单位

（七）预付账款

预付账款科目核算小企业按照合同规定预付的款项。包括：根据合同规定预付的购货款、租金、工程款等，期末借方余额，反映小企业预付的各种款项。预付款项情况不多的小企业，也可以不设置本科目，将预付的款项直接记入“应付账款”科目借方。小企业进行在建工程预付的工程价款，也通过本科目核算。

1. 本科目应按照对方单位（或个人）进行明细核算。

2. 预付账款的主要账务处理。

（1）小企业因购货而预付的款项：

借：预付账款——单位（××单位）

——个人（××个人）

贷：银行存款——人民币（××银行）

收到所购物资，按照应计入购入物资成本的金额：

借：在途物资——××单位（××材料）

原材料——××材料

库存商品——××商品

应交税费——应交增值税（进项税额）

贷：预付账款——单位（××单位）

补付的款项：

借：预付账款——单位（××单位）

——个人（××个人）

贷：银行存款——人民币（××银行）

退回多付的款项，做相反的会计分录。

（2）出包工程按照合同规定预付的工程价款：

借：预付账款——单位（××单位）

——个人（××个人）

贷：银行存款——人民币（××银行）

按照工程进度和合同规定结算的工程价款：

借：在建工程——××工程——材料费（××材料）

贷：预付账款——单位（××单位）

——个人（××个人）

银行存款——人民币（××银行）

（3）按照小企业会计准则规定确认预付账款实际发生的坏账损失，应当按照可收回的金额：

借：银行存款——人民币（××银行）

营业外支出——坏账损失

贷：预付账款——单位（××单位）

——个人（××个人）

（八）应收股利

应收股利科目核算小企业应收取的现金股利或利润，期末借方余额，反映小企业尚未收到的现金股利或利润。

1. 本科目应按照被投资单位进行明细核算。

2. 应收股利的主要账务处理。

（1）小企业购入股票，如果实际支付的购买价款中包含已宣告但尚未发放的现金股利，应当按照实际支付的购买价款和相关税费扣除已宣告但尚未发放的现金股利后的金额：

借：短期投资——股票投资（××股票）

长期股权投资——××单位

应收股利——××单位【应收的现金股利】

贷：银行存款——人民币（××银行）【实际支付的购买价款和相关税费】

（2）在短期投资或长期股权投资持有期间，被投资单位宣告分派现金股利或利润，应当按照本企业应享有的金额：

借：应收股利——××单位

贷：投资收益——××股票投资收益

（3）小企业实际收到现金股利或利润：

借：银行存款——人民币（××银行）

贷：应收股利——××单位

（九）应收利息

应收利息科目核算小企业债券投资应收取的利息，期末借方余额，反映小企业尚未收到的债券利息。购入的一次还本付息债券投资持有期间的利息收入，在“长期债券投资”科目核算，不在本科目核算。

1. 本科目应按照被投资单位进行明细核算。

2. 应收利息的主要账务处理。

（1）小企业购入债券，如果实际支付的购买价款中包含已到付息期但尚未领取的债券利息，应当按照实际支付的购买价款和相关税费扣除应收的债券利息后的金额：

借：短期投资——债券（××债券）

长期债券投资——××债券（面值）

——××债券（溢折价）

应收利息——××单位【应收的债券利息】

贷：银行存款——人民币（××银行）【实际支付的购买价款和相关税费】

（2）在长期债券投资持有期间，在债务人应付利息日，按照分期付息、一次还本债券投资的票面利率计算的利息收入：

借：应收利息——××单位

贷：投资收益——××债券投资收益

按照一次还本付息债券投资的票面利率计算的利息收入：

借：长期债券投资——××债券（应计利息）

贷：投资收益——××债券投资收益

（3）实际收到债券利息

借：银行存款——人民币（××银行）

贷：应收利息——××单位

（十）其他应收款

其他应收款科目核算小企业除应收票据、应收账款、预付账款、应收股利、应收利息等以外的其他各种应收及暂付款项。包括：各种应收的赔款、应向职工收取的各种垫付款项等，期末借方余额，反映小企业尚未收回的其他应收款项。小企业出口产品或商品按照税法规定应予退回的增值税款，也通过本科目核算。

1. 本科目应按照对方单位（或个人）进行明细核算。

2. 其他应收款的主要账务处理。

（1）小企业发生的其他各种应收款项：

借：其他应收款——单位（××单位）

贷：库存现金——人民币

银行存款——人民币（××银行）

固定资产清理——机器、机械和其他生产设备（××设备）

出口产品或商品按照税法规定应予退回的增值税款：

借：其他应收款——单位（××单位）

　　贷：应交税费——应交增值税（出口退税）

（2）收回其他各种应收款项：

借：库存现金——人民币

　　银行存款——人民币（××银行）

　　应付职工薪酬——职工工资

　　贷：其他应收款——单位（××单位）

（3）按照小企业会计准则规定确认其他应收款实际发生的坏账损失：

借：银行存款——人民币（××银行）【可收回的金额】

　　营业外支出——坏账损失【差额】

　　贷：其他应收款——单位（××单位）【账面余额】

（十一）材料采购

材料采购科目核算小企业采用计划成本进行材料日常核算、购入材料的采购成本，本科目期末借方余额，反映小企业已经收到发票账单、但材料尚未到达或尚未验收入库的在途材料的采购成本。采用实际成本进行材料日常核算的，购入材料的采购成本，在“在途物资”科目核算。委托外单位加工材料、商品的加工成本，在“委托加工物资”科目核算。

1. 本科目应按照供应单位和材料品种进行明细核算。

2. 材料采购的主要账务处理。

（1）小企业外购材料，应当按照发票账单所列购买价款、运输费、装卸费、保险费以及在外购材料过程发生的其他直接费用：

借：材料采购——××单位（××材料）

　　应交税费——应交增值税（进项税额）

　　贷：库存现金——人民币

　　　　银行存款——人民币（××银行）

　　　　其他货币资金——外埠存款（××银行）

　　　　预付账款——单位（××单位）

　　　　应付账款——单位（××单位）

材料已经收到、但尚未办理结算手续的，可暂不做会计分录；待办理结算手续后，再根据所付金额或发票账单的应付金额：

借：材料采购——××单位（××材料）

贷：银行存款——人民币（××银行）

应向供应单位、运输机构等收回的材料短缺或其他应冲减材料采购成本的赔偿款项，应根据有关的索赔凭证：

借：应付账款——单位（××单位）

其他应收款——单位（××单位）

贷：材料采购——××单位（××材料）

因自然灾害等发生的损失和尚待查明原因的途中损耗，先记入“待处理财产损溢”科目，查明原因后再做处理。

（2）月末，应将仓库转来的外购收料凭证，分别下列不同情况进行处理：

①对于收到发票账单的收料凭证（包括本月付款或开出、承兑商业汇票的上月收料凭证），应按照实际成本和计划成本分别汇总，并按照计划成本：

借：原材料——××材料【计划成本】

周转材料——××周转材料（在库）【计划成本】

贷：材料采购——××单位（××材料）【计划成本】

实际成本大于计划成本的差异：

借：材料成本差异——原材料成本差异

——周转材料成本差异

贷：材料采购——××单位（××材料）

实际成本小于计划成本的差异：

借：材料采购——××单位（××材料）

贷：材料成本差异——原材料成本差异

——周转材料成本差异

②对于尚未收到发票账单的收料凭证，应按照计划成本暂估入账：

借：原材料——××材料

周转材料——××周转材料（在库）

贷：应付账款——暂估应付账款

下月初用红字做同样的会计分录予以冲回，以便下月收到发票账单等结算凭证时，按照正常程序进行账务处理。

（十二）在途物资

在途物资科目核算小企业采用实际成本进行材料、商品等物资的日常核算、尚未到达或尚未验收入库的各种物资的实际采购成本，本科目期末借方余额，反映小企业已经收到发票账单、但材料或商品尚未到达或尚未验收入库的在途材料、商品等物资的采购成本。小企业（批发业、零售业）在购买商品过程中发生的费用（包括：运输费、装卸费、包装费、保险费、运输途中的合理损耗和入库前的挑选整理费等），在“销售费用”科目核算，不在本科目核算。

1. 本科目应按照供应单位和物资品种进行明细核算。

2. 在途物资的主要账务处理。

（1）小企业外购材料、商品等物资，应当按照发票账单所列购买价款、运输费、装卸费、保险费以及在外购材料过程发生的其他直接费用：

借：在途物资——××单位（××材料）

　　应交税费——应交增值税（进项税额）

　　贷：库存现金——人民币

　　　　银行存款——人民币（××银行）

　　　　其他货币资金——外埠存款（××银行）

　　　　预付账款——××单位

　　　　应付账款——××单位

材料已经收到、但尚未办理结算手续的，可暂不做会计分录；待办理结算手续后，再根据所付金额或发票账单的应付金额：

借：在途物资——××单位（××材料）

　　贷：银行存款——人民币（××银行）

应向供应单位、外部运输机构等收回的材料或商品短缺或其他应冲减材料或商品采购成本的赔偿款项，应根据有关的索赔凭证：

借：应付账款——××单位

　　其他应收款——××单位

　　贷：在途物资——××单位（××材料）

因自然灾害等发生的损失和尚待查明原因的途中损耗，先记入“待处理财产损溢”科目，查明原因后再做处理。

（2）月末，应将仓库转来的外购材料或商品收料凭证，按照材料或商品并分别下列不同情况进行汇总：

①对于收到发票账单的收料凭证（包括本月付款或开出、承兑商业汇票的上月收料凭证），应当按照汇总金额：

借：原材料——××材料

周转材料——××周转材料（在库）

库存商品——××商品（或产品）

贷：在途物资——××单位（××材料）

②对于尚未收到发票账单的收料凭证，应分别材料或商品，并按照估计金额暂估入账：

借：原材料——××材料

周转材料——××周转材料（在库）

库存商品——××商品（或产品）

贷：应付账款——暂估应付账款

下月初用红字做同样的会计分录予以冲回，以便下月收到发票账单等结算凭证时，按照正常程序进行账务处理。

（十三）原材料

原材料科目核算小企业库存的各种材料。包括：原料及主要材料、辅助材料、外购半成品（外购件）、修理用备件（备品备件）、包装材料、燃料等的实际成本或计划成本，本科目期末借方余额，反映小企业库存材料的实际成本或计划成本。购入的工程用材料，在“工程物资”科目核算，不在本科目核算。

1. 本科目应按照材料的保管地点（仓库）、材料的类别、品种和规格等进行明细核算。

2. 原材料的主要账务处理。

（1）小企业购入并已验收入库的材料，按照实际成本：

借：原材料——××材料

应交税费——应交增值税（进项税额）

贷：在途物资——××单位（××材料）

应付账款——××单位

购入的材料已经到达并已验收入库，但在月末尚未办理结算手续的，可按照暂估价值入账：

借：原材料——××材料

周转材料——××周转材料（在库）

贷：应付账款——暂估应付账款

下月初用红字做同样的会计分录予以冲回，以便下月收到发票账单等结算凭证时，按照正常程序进行账务处理。

(2) 自制并已验收入库的材料，按照实际成本：

借：原材料——××材料

　　贷：生产成本——基本生产成本——××产品（直接材料）

　　　　　　　　　　　　　　　　——××产品（直接人工）

　　　　　　　　　　　　　　　　——××产品（制造费用）

(3) 取得投资者投入的原材料，应当按照评估价值：

借：原材料——××材料

　　贷：实收资本——个人资本金（××人）

　　　　资本公积——投资者出资超出其注册资本

涉及增值税进项税额的，还应进行相应的账务处理。

(4) 生产经营领用材料，按照实际成本：

借：生产成本——基本生产成本——××产品（直接材料）

　　制造费用——××车间

　　销售费用——商品维修费

　　管理费用——修理费

　　贷：原材料——××材料

出售材料结转成本，按照实际成本：

借：其他业务成本——材料销售成本

　　贷：原材料——××材料

发给外单位加工的材料，按照实际成本：

借：委托加工物资——××物资（或××单位）

　　贷：原材料——××材料

外单位加工完成并已验收入库的材料，按照加工收回材料的实际成本：

借：原材料——××材料

　　贷：委托加工物资——××物资（或××单位）

(5) 清查盘点，发现盘盈时，按照实际成本或估计价值：

借：原材料——××材料

　　贷：待处理财产损溢——待处理流动资产损溢

发现盘亏、毁损的原材料：

借：待处理财产损溢——待处理流动资产损溢

　　贷：原材料——××材料【实际成本或估计价值】

应交税费——应交增值税（进项税额转出）

（6）采用计划成本进行材料日常核算的小企业，日常领用、发出原材料均按照计划成本记账。

月末，按照发出各种原材料的计划成本计算应负担的成本差异：

借：生产成本——基本生产成本——××产品（直接材料）

制造费用——××车间（××费用）

销售费用——商品维修费

管理费用——修理费

委托加工物资——××物资（或××单位）

其他业务成本——材料销售成本

贷：材料成本差异——原材料成本差异

实际成本小于计划成本的差异做相反的会计分录。

（十四）材料成本差异

材料成本差异科目核算小企业采用计划成本进行日常核算的材料计划成本与实际成本的差额，本科目期末借方余额，反映小企业库存材料等的实际成本大于计划成本的差异；贷方余额反映小企业库存材料等的实际成本小于计划成本的差异。小企业也可以在“原材料”“周转材料”等科目设置“成本差异”明细科目。

1. 本科目可以分别“原材料”“周转材料”等，按照类别或品种进行明细核算。

2. 材料成本差异的主要账务处理。

（1）小企业验收入库材料发生的材料成本差异，实际成本大于计划成本的差异：

借：材料成本差异——原材料成本差异

贷：材料采购——××单位（××材料）

实际成本小于计划成本的差异做相反的会计分录。

入库材料的计划成本应当尽可能接近实际成本。除特殊情况外，计划成本在年度内不得随意变更。

（2）结转发出材料应负担的材料成本差异，按照实际成本大于计划成本的差异：

借：生产成本——基本生产成本——××产品（直接材料）

管理费用——修理费

销售费用——商品维修费

委托加工物资——××物资（或××单位）

其他业务成本——材料销售成本

贷：材料成本差异——原材料成本差异

实际成本小于计划成本的差异做相反的会计分录。

发出材料应负担的成本差异应当按月分摊，不得在季末或年末一次计算。发出材料应负担的成本差异，除委托外部加工发出材料可按照月初成本差异率计算外，应使用本月的实际成本差异率；月初成本差异率与本月实际成本差异率相差不大的，也可按照月初成本差异率计算。计算方法一经确定，不得随意变更。

材料成本差异率的计算公式如下：

本月材料成本差异率=(月初结存材料的成本差异+本月验收入库材料的成本差异)÷(月初结存材料的计划成本+本月验收入库材料的计划成本)×100%

月初材料成本差异率=月初结存材料的成本差异÷月初结存材料的计划成本×100%

发出材料应负担的成本差异=发出材料的计划成本×材料成本差异率

（十五）库存商品

库存商品科目核算小企业库存的各种商品的实际成本或售价。包括：库存产成品、外购商品、存放在门市部准备出售的商品、发出展览的商品以及寄存在外的商品等，期末借方余额，反映小企业库存商品的实际成本或售价。

接受来料加工制造的代制品和为外单位加工修理的代修品，在制造和修理完成验收入库后，视同小企业的产成品，也通过本科目核算。

可以降价出售的不合格品，也在本科目核算，但应与合格产品分开记账。

已经完成销售手续，但购买单位在月末未提取的库存产成品，应作为代管产品处理，单独设置代管产品备查簿，不再在本科目核算。

小企业（农、林、牧、渔业）可将本科目改为“1405 农产品”科目。

小企业（批发业、零售业）在购买商品过程中发生的费用（包括：运输费、装卸费、包装费、保险费、运输途中的合理损耗和入库前的挑选整理费等），在“销售费用”科目核算，不在本科目核算。

1. 本科目应按照库存商品的种类、品种和规格等进行明细核算。

2. 库存商品的主要账务处理。

（1）小企业生产的产成品的入库和出库，平时只记数量不记金额，月末计算入库产成品的实际成本。生产完成验收入库的产成品，按照其实际成本：

借：库存商品——××商品（或产品）

　　贷：生产成本——基本生产成本——××产品（直接材料）

　　　　　　　　　　　　　　　　——××产品（直接人工）

　　　　　　　　　　　　　　　　——××产品（制造费用）

对外销售产成品：

借：主营业务成本——产品销售成本

　　贷：库存商品——××商品（或产品）

（2）购入商品到达验收入库后，按照商品的实际成本：

借：库存商品——××商品（或产品）

　　贷：库存现金——人民币

　　　　银行存款——人民币（××银行）

　　　　在途物资——××单位（××材料）

（3）购入商品到达验收入库后，按照商品的售价：

借：库存商品——××商品（或产品）

　　贷：库存现金——人民币

　　　　银行存款——人民币（××银行）

　　　　在途物资——××单位（××材料）

　　　　商品进销差价——××商品进销差价【售价与进价之间的差额】

涉及增值税进项税额的，还应进行相应的处理。

购入的商品已经到达并已验收入库，但尚未办理结算手续的，可按照暂估价值入账：

借：库存商品——××商品（或产品）

　　贷：应付账款——暂估应付账款

下月初用红字做同样的会计分录予以冲回，以便下月收到发票账单等结算凭证时，按照正常程序进行账务处理。

对外销售商品结转销售成本或售价：

借：主营业务成本——商品销售成本

　　贷：库存商品——××商品（或产品）

月末，分摊已销商品的进销差价：

借：商品进销差价——××商品进销差价

　　贷：主营业务成本——商品销售成本

（十六）商品进销差价

商品进销差价科目核算小企业采用售价进行日常核算的商品售价与进价之间的差额，本科目的期末贷方余额，反映小企业库存商品的商品进销差价。

1. 本科目应按照库存商品的种类、品种和规格等进行明细核算。

2. 商品进销差价的主要账务处理。

（1）小企业购入、加工收回以及销售退回等增加的库存商品，按照商品售价：

借：库存商品——××商品（或产品）【商品售价】

　　贷：银行存款——人民币（××银行）【商品进价】

　　　　委托加工物资——××物资（或××单位）【商品进价】

　　　　商品进销差价——××商品进销差价【售价与进价之间的差额】

（2）月末，分摊已销商品的进销差价：

借：商品进销差价——××商品进销差价

　　贷：主营业务成本——商品销售成本

销售商品应分摊的商品进销差价，按照以下公式计算：

商品进销差价率＝月末分摊前本科目贷方余额÷（“库存商品”科目月末借方余额＋本月“主营业务收入”科目贷方发生额）×100%

本月销售商品应分摊的商品进销差价＝本月“主营业务收入”科目贷方发生额×商品进销差价率

小企业的商品进销差价率各月之间比较均衡的，也可以采用上月商品进销差价率计算分摊本月的商品进销差价。年度终了，应对商品进销差价进行复核调整。

（十七）委托加工物资

委托加工物资科目核算小企业委托外单位加工的各种材料、商品等物资的实际成本，期末借方余额，反映小企业委托外单位加工尚未完成物资的实际成本。

（1）本科目应按照加工合同、受托加工单位以及加工物资的品种等进行明细核算。

（2）委托加工物资的主要账务处理。

①小企业发给外单位加工的物资，按照实际成本：

借：委托加工物资——××物资（或××单位）

　　贷：原材料——××材料

　　　　库存商品——××商品（或产品）

按照计划成本或售价核算的，还应同时结转材料成本差异或商品进销差价。

②支付加工费、运杂费时：

借：委托加工物资——××物资（或××单位）

　　贷：银行存款——人民币（××银行）

需要交纳消费税的委托加工物资，由受托方代收代缴的消费税。

收回后用于直接销售的：

借：委托加工物资——××物资（或××单位）

　　贷：应付账款——××单位

　　　　银行存款——人民币（××银行）

收回后用于继续加工的：

借：委托加工物资——××物资（或××单位）

　　应交税费——应交消费税

　　贷：应付账款——××单位

　　　　银行存款——人民币（××银行）

③加工完成验收入库的物资和剩余的物资，按照加工收回物资的实际成本和剩余物资的实际成本：

借：原材料——××材料

　　库存商品——××商品（或产品）

　　贷：委托加工物资——××物资（或××单位）

④采用计划成本或售价核算的，按照计划成本或售价：

借：原材料——××材料【计划成本】

　　库存商品——××商品（或产品）【售价】

　　材料成本差异——原材料成本差异【实际成本＞计划成本】

　　商品进销差价——××商品进销差价【实际成本＞售价】

　　贷：委托加工物资——××物资（或××单位）【实际成本】

材料成本差异——原材料成本差异【实际成本 < 计划成本】

商品进销差价——××商品进销差价【实际成本 < 售价】

采用计划成本或售价核算的，也可以采用上月材料成本差异率或商品进销差价率计算分摊本月应分摊的材料成本差异或商品进销差价。

（十八）周转材料

周转材料科目核算小企业库存的周转材料的实际成本或计划成本。包括：包装物、低值易耗品，以及小企业（建筑业）的钢模板、木模板、脚手架等，期末余额，反映小企业在库、出租、出借周转材料的实际成本或计划成本以及在用周转材料的摊余价值。各种包装材料，如纸、绳、铁丝、铁皮等，应在“原材料”科目内核算；用于储存和保管产品、材料而不对外出售的包装物，应按照价值大小和使用年限长短，分别在“固定资产”科目或本科目核算。小企业的包装物、低值易耗品，也可以单独设置“1412 包装物”“1413 低值易耗品”科目。包装物数量不多的小企业，也可以不设置本科目，将包装物并入“原材料”科目核算。

1. 本科目应按照周转材料的种类，分别“在库”“在用”和“摊销”进行明细核算。

2. 周转材料的主要账务处理。

①小企业购入、自制、委托外单位加工完成并验收入库的周转材料，以及对周转材料的清查盘点，比照“原材料”科目的相关规定进行账务处理。

②生产、施工领用周转材料，通常采用一次转销法，按照其成本：

借：生产成本——基本生产成本——××产品（直接材料）

　　管理费用——修理费

　　工程施工——××项目

　　贷：周转材料——××周转材料——（在库）

随同产品出售但不单独计价的包装物，按照其成本：

借：销售费用——包装费

　　贷：周转材料——××周转材料——（在库）

随同产品出售并单独计价的包装物，按照其成本：

借：其他业务成本——包装物销售成本

　　贷：周转材料——××周转材料——（在库）

金额较大的周转材料，也可以采用分次摊销法，领用时应按照其成本：

借：周转材料——××周转材料——（在用）

　　贷：周转材料——××周转材料——（在库）

按照使用次数摊销时，应按照其摊销额：

借：生产成本——基本生产成本——××产品（直接材料）

　　管理费用——修理费

　　工程施工——××项目

　　贷：周转材料——××周转材料（摊销）

周转材料报废时：

借：周转材料——××周转材料（摊销）

　　贷：周转材料——××周转材料（在用）

③周转材料采用计划成本进行日常核算的，领用等发出周转材料，还应结转应分摊的成本差异。

（十九）消耗性生物资产

消耗性生物资产科目核算小企业（农、林、牧、渔业）持有的消耗性生物资产的实际成本，本科目期末借方余额，反映小企业（农、林、牧、渔业）消耗性生物资产的实际成本。

1. 本科目应按照消耗性生物资产的种类、群别等进行明细核算。

2. 消耗性生物资产的主要账务处理。

①外购的消耗性生物资产，按照应计入消耗性生物资产成本的金额：

借：消耗性生物资产——××种类（群别）

　　贷：银行存款——人民币（××银行）

　　　　应付账款——单位（××单位）

②自行栽培的大田作物和蔬菜，应按照收获前发生的必要支出：

借：消耗性生物资产——××种类（群别）

　　贷：银行存款——人民币（××银行）

自行营造的林木类消耗性生物资产，应按照郁闭前发生的必要支出：

借：消耗性生物资产——××种类（群别）

　　贷：银行存款——人民币（××银行）

自行繁殖的育肥畜、水产养殖的动植物，应按照出售前发生的必要支出：

借：消耗性生物资产——××种类（群别）

　　贷：银行存款——人民币（××银行）

③产畜或役畜淘汰转为育肥畜的，应按照转群时的账面价值：

借：消耗性生物资产——××种类（群别）

生产性生物资产累计折旧——成熟生产性生物资产——××种类（或群别）【已计提的累计折旧】

贷：生产性生物资产——成熟生产性生物资产——××种类（或群别）【账面余额】

育肥畜转为产畜或役畜的，应按照其账面余额

借：生产性生物资产——成熟生产性生物资产——××种类（或群别）

贷：消耗性生物资产——××种类（群别）

④择伐、间伐或抚育更新性质采伐而补植林木类消耗性生物资产发生的后续支出：

借：消耗性生物资产——××种类（群别）

贷：银行存款——人民币（××银行）

林木类消耗性生物资产达到郁闭后发生的管护费用等后续支出：

借：管理费用——林木管护费

贷：银行存款——人民币（××银行）

⑤农业生产过程中发生的应归属于消耗性生物资产的费用，按照应分配的金额：

借：消耗性生物资产——××种类（群别）

贷：生产成本——基本生产成本——××产品（直接材料）

⑥消耗性生物资产收获为农产品时，应按照其账面余额：

借：农产品——××农产品

贷：消耗性生物资产——××种类（群别）

⑦出售消耗性生物资产，应按照实际收到的金额：

借：银行存款——人民币（××银行）

贷：主营业务收入——××收入

按照其账面余额：

借：主营业务成本——××成本

贷：消耗性生物资产——××种类（群别）

第二节 长期投资的核算

小企业的非流动资产，是指流动资产以外的资产。小企业的非流动资产包括：长期债券投资、长期股权投资、固定资产、生产性生物资产、无形资产、长期待摊费用等。

一、长期投资

（一）长期债券投资

长期债券投资是指小企业准备长期（在 1 年以上，下同）持有的债券投资。

长期债券投资应当按照购买价款和相关税费作为成本进行计量。实际支付价款中包含的已到付息期但尚未领取的债券利息，应当单独确认为应收利息，不计入长期债券投资的成本。

长期债券投资在持有期间发生的应收利息应当确认为投资收益。

1. 分期付息、一次还本的长期债券投资，在债务人应付利息日按照票面利率计算的应收未收利息收入应当确认为应收利息，不增加长期债券投资的账面余额。

2. 一次还本付息的长期债券投资，在债务人应付利息日按照票面利率计算的应收未收利息收入应当增加长期债券投资的账面余额。

3. 债券的折价或者溢价在债券存续期间内于确认相关债券利息收入时采用直线法进行摊销。

长期债券投资到期，小企业收回长期债券投资，应当冲减其账面余额。处置长期债券投资，处置价款扣除其账面余额、相关税费后的净额，应当计入投资收益。

小企业长期债券投资符合下列条件之一的，减除可收回的金额后确认无法收回的长期债券投资，作为长期债券投资损失：

（1）债务人依法宣告破产、关闭、解散、被撤销，或者被依法注销、吊销营业执照，其清算财产不足清偿的。

(2) 债务人死亡，或者依法被宣告失踪、死亡，其财产或者遗产不足清偿的。

(3) 债务人逾期3年以上未清偿，且有确凿证据证明已无力清偿债务的。

(4) 与债务人达成债务重组协议或法院批准破产重整计划后，无法追偿的。

(5) 因自然灾害、战争等不可抗力导致无法收回的。

(6) 国务院财政、税务主管部门规定的其他条件。应收及预付款项的坏账损失应当于实际发生时计入营业外支出，同时冲减应收及预付款项。

长期债券投资损失应当于实际发生时计入营业外支出，同时冲减长期债券投资账面余额。

(二) 长期股权投资

长期股权投资是指小企业准备长期持有的权益性投资。长期股权投资应当按照成本进行计量。

1. 以支付现金取得的长期股权投资，应当按照购买价款和相关税费作为成本进行计量。实际支付价款中包含的已宣告但尚未发放的现金股利，应当单独确认为应收股利，不计入长期股权投资的成本。

2. 通过非货币性资产交换取得的长期股权投资，应当按照换出非货币性资产的评估价值和相关税费作为成本进行计量。

长期股权投资应当采用成本法进行会计处理。在长期股权投资持有期间，被投资单位宣告分派的现金股利或利润，应当按照应分得的金额确认为投资收益。

处置长期股权投资，处置价款扣除其成本、相关税费后的净额，应当计入投资收益。

小企业长期股权投资符合下列条件之一的，减除可收回的金额后确认无法收回的长期股权投资，作为长期股权投资损失：

(1) 被投资单位依法宣告破产、关闭、解散、被撤销，或者被依法注销、吊销营业执照的。

(2) 被投资单位财务状况严重恶化，累计发生巨额亏损，已连续停止经营3年以上，且无重新恢复经营改组计划的。

(3) 对被投资单位不具有控制权，投资期限届满或者投资期限已超过10

年，且被投资单位因连续 3 年经营亏损导致资不抵债的。

(4) 被投资单位财务状况严重恶化，累计发生巨额亏损，已完成清算或清算期超过 3 年以上的。

(5) 国务院财政、税务主管部门规定的其他条件。长期股权投资损失应当于实际发生时计入营业外支出，同时冲减长期股权投资账面余额。

二、长期投资的核算

(一) 长期债券投资核算

长期债券投资科目核算小企业准备长期（在 1 年以上，下同）持有的债券投资，本科目期末借方余额，反映小企业持有的分期付息、一次还本债券投资的成本和到期一次还本付息债券投资的本息。

1. 本科目应按照债券种类和被投资单位，分别“面值”“溢折价”“应计利息”进行明细核算。

2. 长期债券投资的主要账务处理。

①小企业购入债券作为长期投资，应当按照债券票面价值：

借：长期债券投资——××债券（面值）

　　长期债券投资——××债券（溢折价）【差额】

　　贷：银行存款——人民币（××银行）【实际支付的购买价款和相关税费】

　　　　长期债券投资——××债券（溢折价）【差额】

如果实际支付的购买价款中包含已到付息期但尚未领取的债券利息，应当按照债券票面价值：

借：长期债券投资——××债券（面值）

　　长期债券投资——××债券（溢折价）

　　应收利息——××单位【应收的债券利息】

　　贷：银行存款——人民币（××银行）【实际支付的购买价款和相关税费】

　　　　长期债券投资——××债券（溢折价）

②在长期债券投资持有期间，在债务人应付利息日，按照分期付息、一次还本的长期债券投资票面利率计算利息收入时：

借：应收利息——××单位

　　贷：投资收益——××债券投资收益

按照一次还本付息的长期债券投资票面利率计算利息收入时：

借：长期债券投资——××债券（应计利息）

　　贷：投资收益——××债券投资收益

③在债务人应付利息日，按照应分摊的债券溢价金额：

借：投资收益——××债券投资收益

　　贷：长期债券投资——××债券（溢折价）

④在债务人应付利息日，按照应分摊的债券折价金额：

借：长期债券投资——××债券（溢折价）

　　贷：投资收益——××债券投资收益

⑤长期债券投资到期，收回长期债券投资：

借：银行存款——人民币（××银行）【收回的债券本金或本息】

　　贷：长期债券投资——××债券（成本）【账面余额】

　　　　长期债券投资——××债券（溢折价）【账面余额】

　　　　长期债券投资——××债券（应计利息）【账面余额】

　　　　应收利息——××单位【应收未收的利息】

处置长期债券投资，应当按照处置收入：

借：银行存款——人民币（××银行）

　　投资收益——××债券投资收益【差额】

　　贷：长期债券投资——××债券（成本）【账面余额】

　　　　长期债券投资——××债券（溢折价）【账面余额】

　　　　长期债券投资——××债券（应计利息）【账面余额】

　　　　应收利息——××单位【应收未收的利息】

　　　　投资收益——××债券投资收益【差额】

⑥按照小企业会计准则规定确认实际发生的长期债券投资损失，应当按照可收回的金额：

借：银行存款——人民币（××银行）

　　营业外支出——长期债券投资损失【差额】

　　贷：长期债券投资——××债券（成本）【账面余额】

　　　　长期债券投资——××债券（溢折价）【账面余额】

（二）长期股权投资

长期股权投资科目核算小企业准备长期持有的权益性投资，本科目期末借方余额，反映小企业持有的长期股权投资的成本。

1. 本科目应按照被投资单位进行明细核算。

2. 长期股权投资的主要账务处理。

①小企业以支付现金取得的长期股权投资，如果实际支付的购买价款中包含已宣告但尚未发放的现金股利，应当按照实际支付的购买价款和相关税费扣除已宣告但尚未发放的现金股利后的金额：

借：长期股权投资——××单位

　　应收股利——××单位【应收的现金股利】

　　贷：银行存款——人民币（××银行）【实际支付的购买价款和相关税费】

通过非货币性资产交换取得的长期股权投资，应当按照非货币性资产的评估价值与相关税费之和：

借：长期股权投资——××单位

　　营业外支出——非流动资产处置净损失【差额】

　　贷：固定资产清理——电子设备（××电子设备）【换出非货币性资产的账面价值】

　　　　无形资产——××无形资产【换出非货币性资产的账面价值】

　　　　应交税费——应交增值税（销项税额）【相关税费】

　　　　营业外收入——非流动资产处置净收益【差额】

②在长期股权投资持有期间，被投资单位宣告分派的现金股利或利润，应当按照应分得的金额：

借：应收股利——××单位

　　贷：投资收益——××投资收益

③处置长期股权投资，应当按照处置价款：

借：银行存款——人民币（××银行）

　　投资收益——××投资收益【差额】

　　贷：长期股权投资——××单位【成本】

　　　　应收股利——××单位【应收未收的现金股利或利润】

　　　　投资收益——××投资收益【差额】

④根据小企业会计准则规定确认实际发生的长期股权投资损失，应当按照可收回的金额：

借：银行存款——人民币（××银行）

　　营业外支出——长期股权投资损失【差额】

　　贷：长期股权投资——××单位【账面余额】

第三节　固定资产和生产性生物资产的核算

一、固定资产和生产性生物资产

（一）固定资产

固定资产是指小企业为生产产品、提供劳务、出租或经营管理而持有的，使用寿命超过 1 年的有形资产。小企业的固定资产包括：房屋、建筑物、机器、机械、运输工具、设备、器具、工具等。

固定资产应当按照成本进行计量。

1. 外购固定资产的成本包括：购买价款、相关税费、运输费、装卸费、保险费、安装费等，但不含按照《税法》规定可以抵扣的增值税进项税额。以一笔款项购入多项没有单独标价的固定资产，应当按照各项固定资产或类似资产的市场价格或评估价值比例对总成本进行分配，分别确定各项固定资产的成本。

2. 自行建造固定资产的成本，由建造该项资产在竣工决算前发生的支出（含相关的借款费用）构成。小企业在建工程在试运转过程中形成的产品、副产品或试车收入冲减在建工程成本。

3. 投资者投入固定资产的成本，应当按照评估价值和相关税费确定。

4. 融资租入的固定资产的成本，应当按照租赁合同约定的付款总额和在签订租赁合同过程中发生的相关税费等确定。

5. 盘盈固定资产的成本，应当按照同类或者类似固定资产的市场价格或评估价值，扣除按照该项固定资产新旧程度估计的折旧后的余额确定。

小企业应当对所有固定资产计提折旧，但已提足折旧仍继续使用的固定资产和单独计价入账的土地不得计提折旧。固定资产的折旧费应当根据固定资产的受益对象计入相关资产成本或者当期损益。前款所称折旧，是指在固定资产使用寿命内，按照确定的方法对应计折旧额进行系统分摊。应计折旧额，是指应当计提折旧的固定资产的原价（成本）扣除其预计净残值后的金额。预计净残值，是指固定资产预计使用寿命已满，小企业从该项固定资产处置中获得的扣除；预计处置费用后的净额。已提足折旧，是指已经提足该项固定资产的应计折旧额。

小企业应当按照年限平均法（即直线法，下同）计提折旧。小企业的固定资产由于技术进步等原因，确需加速折旧的，可以采用双倍余额递减法和年数总和法。小企业应当根据固定资产的性质和使用情况，并考虑税法的规定，合理确定固定资产的使用寿命和预计净残值。固定资产的折旧方法、使用寿命、预计净残值一经确定，不得随意变更。

小企业应当按月计提折旧，当月增加的固定资产，当月不计提折旧，从下月起计提折旧；当月减少的固定资产，当月仍计提折旧，从下月起不计提折旧。

固定资产的日常修理费，应当在发生时根据固定资产的受益对象计入相关资产成本或者当期损益。

固定资产的改建支出，应当计入固定资产的成本，但已提足折旧的固定资产和经营租入的固定资产发生的改建支出应当计入长期待摊费用。前款所称固定资产的改建支出，是指改变房屋或者建筑结构、延长使用年限等发生的支出。

处置固定资产，处置收入扣除其账面价值、相关税费和清理费用后的净额，应当计入营业外收入或营业外支出。前款所称固定资产的账面价值，是指固定资产原价（成本）扣减累计折旧后的金额。盘亏固定资产发生的损失应当计入营业外支出。

（二）生产性生物资产

生产性生物资产是指小企业（农、林、牧、渔业）为生产农产品、提供劳务或出租等目的而持有的生物资产。包括：经济林、薪炭林、产畜和役畜等。

生产性生物资产应当按照成本进行计量。

1. 外购的生产性生物资产的成本，应当按照购买价款和相关税费确定。

2. 自行营造或繁殖的生产性生物资产的成本，应当按照下列规定确定。

①自行营造的林木类生产性生物资产的成本包括：达到预定生产经营目的前发生的造林费、抚育费、营林设施费、良种试验费、调查设计费和应分摊的间接费用等必要支出。

②自行繁殖的产畜和役畜的成本包括：达到预定生产经营目的前发生的饲料费、人工费和应分摊的间接费用等必要支出。前款所称达到预定生产经营目的，是指生产性生物资产进入正常生产期，可以多年连续稳定产出农产品、提供劳务或出租。

生产性生物资产应当按照年限平均法计提折旧。小企业（农、林、牧、渔业）应当根据生产性生物资产的性质和使用情况，并考虑税法的规定，合理确定生产性生物资产的使用寿命和预计净残值。生产性生物资产的折旧方法、使用寿命、预计净残值一经确定，不得随意变更。小企业（农、林、牧、渔业）应当自生产性生物资产投入使用月份的下月起按月计提折旧；停止使用的生产性生物资产，应当自停止使用月份的下月起停止计提折旧。

二、固定资产和生产性生物资产的核算

（一）固定资产的核算

固定资产科目核算小企业固定资产的原价（成本），本科目期末借方余额，反映小企业固定资产的原价（成本）。小企业应当根据小企业会计准则规定的固定资产标准，结合本企业的具体情况，制定固定资产目录，作为核算依据。

小企业购置计算机硬件所附带的、未单独计价的软件，也通过本科目核算。

小企业临时租入的固定资产和以经营租赁租入的固定资产，应另设备查簿进行登记，不在本科目核算。

1. 本科目应按照固定资产类别和项目进行明细核算。小企业根据实际情况设置“固定资产登记簿”和“固定资产卡片”。

2. 固定资产的主要账务处理。

①小企业购入（含以分期付款方式购入）不需要安装的固定资产，其入

账价值包括购买价款、相关税费、不可抵扣的增值税进项税额、运输费、装卸费、保险费：

借：固定资产——房屋建筑物（××房屋建筑物）

——与生产经营有关的器具工具家具（××器具工具家具）

——机器机械和其他生产设备（××设备）

——运输工具（××运输工具）

——电子设备（××电子设备）

应交税费——应交增值税（进项税额）

贷：银行存款——人民币（××银行）

长期应付款——××单位

购入需要安装的固定资产，先记入“在建工程”科目，安装完成后再转入固定资产科目。

自行建造固定资产完成竣工决算，按照竣工决算前发生相关支出：

借：固定资产——房屋建筑物（××房屋建筑物）

贷：在建工程——××工程——材料费（××材料）

——设备费（××设备）

——人工费（××人工费）

——管理费（××费用）

取得投资者投入的固定资产，应当按照评估价值和相关税费：

借：固定资产——房屋建筑物（××房屋建筑物）

——与生产经营有关的器具工具家具（××器具工具家具）

——机器机械和其他生产设备（××设备）

——运输工具（××运输工具）

——电子设备（××电子设备）

在建工程——××工程——材料费（××材料）

——设备费（××设备）

——人工费（××人工费）

——管理费（××费用）

贷：实收资本——法人资本金（××单位）

——个人资本金（××人）

资本公积——投资者出资额超出其注册资本

融资租入的固定资产，在租赁期开始日，按照租赁合同约定的付款总额和在签订租赁合同过程中发生的相关税费等：

借：固定资产——房屋建筑物（××房屋建筑物）

——与生产经营有关的器具工具家具（××器具工具家具）

——机器机械和其他生产设备（××设备）

——运输工具（××运输工具）

——电子设备（××电子设备）

在建工程——××工程——材料费（××材料）

——设备费（××设备）

——人工费（××人工费）

——管理费（××费用）

贷：长期应付款——××单位

盘盈的固定资产，按照同类或类似固定资产的市场价格或评估价值扣除按照新旧程度估计的折旧后的余额：

借：固定资产——与生产经营有关的器具工具家具（××器具工具家具）

——机器机械和其他生产设备（××设备）

——运输工具（××运输工具）

——电子设备（××电子设备）

贷：待处理财产损溢——待处理非流动资产损溢

②在固定资产使用过程中发生的修理费，应当按照固定资产的受益对象：

借：制造费用——××车间（修理费）

管理费用——修理费

贷：银行存款——人民币（××银行）

固定资产的大修理支出：

借：长期待摊费用——××大修费

贷：银行存款——人民币（××银行）

③对固定资产进行改扩建时，应当按照该项固定资产账面价值：

借：在建工程——××工程——材料费（××材料）

——设备费（××设备）

——人工费（××人工）

——管理费（××费用）

累计折旧——房屋建筑物（××房屋建筑物）【已计提的累计折旧】

——与生产经营有关的器具工具家具（××器具工具家具）

【已计提的累计折旧】

——机器机械和其他生产设备（××设备）【已计提的累计折旧】

——运输工具（××运输工具）【已计提的累计折旧】

——电子设备（××电子设备）【已计提的累计折旧】

贷：固定资产——房屋建筑物（××房屋建筑物）【原价】

④因出售、报废、毁损、对外投资等原因处置固定资产：

借：固定资产清理——房屋建筑物（××房屋建筑物）【账面价值】

——与生产经营有关的器具工具家具（××器具工具家具）【账面价值】

——机器机械和其他生产设备（××设备）【账面价值】

——运输工具（××运输工具）【账面价值】

——电子设备（××电子设备）【账面价值】

累计折旧——房屋建筑物（××房屋建筑物）【已计提的累计折旧】

——与生产经营有关的器具工具家具（××器具工具家具）【已计提的累计折旧】

——机器机械和其他生产设备（××设备）【已计提的累计折旧】

——运输工具（××运输工具）【已计提的累计折旧】

——电子设备（××电子设备）【已计提的累计折旧】

贷：固定资产——房屋建筑物（××房屋建筑物）【原价】

——与生产经营有关的器具工具家具（××器具工具家具）【原价】

——机器机械和其他生产设备（××设备）【原价】

——运输工具（××运输工具）【原价】

——电子设备（××电子设备）【原价】

盘亏的固定资产：

借：待处理财产损溢——待处理非流动资产损溢【账面价值】

累计折旧——房屋建筑物（××房屋建筑物）【已计提的累计折旧】

——与生产经营有关的器具工具家具（××器具工具家具）【已计提的累计折旧】

——机器机械和其他生产设备（××设备）【已计提的累计折旧】

——运输工具（××运输工具）【已计提的累计折旧】

——电子设备（××电子设备）【已计提的累计折旧】

贷：固定资产——房屋建筑物（××房屋建筑物）【原价】

——与生产经营有关的器具工具家具（××器具工具家具）【原价】

——机器机械和其他生产设备（××设备）【原价】

——运输工具（××运输工具）【原价】

——电子设备（××电子设备）【原价】

（二）累计折旧

累计折旧科目核算小企业固定资产的累计折旧，期末贷方余额，反映小企业固定资产的累计折旧额。

1. 本科目可以进行总分类核算，也可以进行明细核算。

需要查明某项固定资产的已计提折旧，可以根据“固定资产卡片”上所记载的该项固定资产原价、折旧率和实际使用年数等资料进行计算。

2. 累计折旧的主要账务处理。

①小企业按月计提固定资产的折旧费，应当按照固定资产的受益对象：

借：制造费用——××车间（折旧费）

管理费用——折旧费

贷：累计折旧——房屋建筑物（××房屋建筑物）

——与生产经营有关的器具工具家具（××器具工具家具）

——机器机械和其他生产设备（××设备）

——运输工具（××运输工具）

——电子设备（××电子设备）

②因出售、报废、毁损、对外投资等原因处置固定资产：

借：固定资产清理——房屋建筑物（××房屋建筑物）【账面价值】

——与生产经营有关的器具工具家具（××器具工具家具）【账面价值】

——机器机械和其他生产设备（××设备）【账面价值】

——运输工具（××运输工具）【账面价值】

——电子设备（××电子设备）【账面价值】

累计折旧——房屋建筑物（××房屋建筑物）【已计提的累计折旧】

——与生产经营有关的器具工具家具（××器具工具家具）【已计提的累计折旧】

——机器机械和其他生产设备（××设备）【已计提的累计折旧】

——运输工具（××运输工具）【已计提的累计折旧】

——电子设备（××电子设备）【已计提的累计折旧】

贷：固定资产——房屋建筑物（××房屋建筑物）【原价】

——与生产经营有关的器具工具家具（××器具工具家具）【原价】

——机器机械和其他生产设备（××设备）【原价】

——运输工具（××运输工具）【原价】

——电子设备（××电子设备）【原价】

（三）在建工程

在建工程科目核算小企业需要安装的固定资产、固定资产新建工程、改扩建等所发生的成本，本科目期末借方余额，反映小企业尚未完工或虽已完工，但尚未办理竣工决算的工程成本。

小企业购入不需要安装的固定资产，在“固定资产”科目核算，不在在建工程科目核算。

小企业已提足折旧的固定资产的改建支出和经营租入固定资产的改建支出，在“长期待摊费用”科目核算，不在在建工程科目核算。

1. 本科目应按照在建工程项目进行明细核算。

2. 在建工程的主要账务处理。

①小企业购入需要安装的固定资产：

借：在建工程——××安装工程【购买价款、相关税费、不可抵扣的增值税进项税额、运输费、装卸费、保险费、安装费等】

应交税费——应交增值税（进项税额）【可抵扣的增值税进项税额】

贷：银行存款——人民币（××银行）

融资租入的固定资产，在租赁期开始日，按照租赁合同约定的付款总额和在签订租赁合同过程中发生的相关税费等：

借：在建工程——××工程——材料费（××材料）

——设备费（××设备）

——人工费（××人工费）

——管理费（××费用）

固定资产——房屋建筑物（××房屋建筑物）

——与生产经营有关的器具工具家具（××器具工具家具）

——机器机械和其他生产设备（××设备）

——运输工具（××运输工具）

——电子设备（××电子设备）

贷：长期应付款——单位（××单位）

固定资产安装完成时：

借：固定资产——机器机械和其他生产设备（××设备）

贷：在建工程——××工程——材料费（××材料）

——设备费（××设备）

——人工费（××人工费）

——管理费（××费用）

②自营工程领用工程物资时：

借：在建工程——××工程——材料费（××材料）

贷：工程物资——××物资

在建工程应负担的职工薪酬：

借：在建工程——××工程——人工费（××人工费）

贷：应付职工薪酬——职工工资

在建工程使用本企业的产品或商品，应当按照成本：

借：在建工程——××工程——材料费（××材料）

贷：库存商品——××商品（或产品）

应交税费——应交增值税（销项税额）

在建工程在竣工决算前发生的借款利息，在应付利息日应当根据借款合同利率计算确定的利息费用：

借：在建工程——××工程——管理费（××费用）

贷；应付利息——××金融机构

办理竣工决算后发生的利息费用，在应付利息日：

借：财务费用——利息费用
　　贷：应付利息——××金融机构
在建工程在试运转过程中发生的支出：
借：在建工程——××工程——材料费（××材料）
　　　　　　　　　　——设备费（××设备）
　　　　　　　　　　——人工费（××人工费）
　　　　　　　　　　——管理费（××费用）
　　贷：银行存款——人民币（××银行）
形成的产品或者副产品对外销售或转为库存商品的：
借：银行存款——××银行
　　库存商品——××商品（或产品）
　　贷：在建工程——××工程——材料费（××材料）
自营工程办理竣工决算时：
借：固定资产——房屋建筑物（××房屋建筑物）
　　贷：在建工程——××工程——材料费（××材料）
　　　　　　　　　　　　——设备费（××设备）
　　　　　　　　　　　　——人工费（××人工费）
　　　　　　　　　　　　——管理费（××费用）
③出包工程，按照工程进度和合同规定结算的工程价款：
借：在建工程——××工程（出包费）
　　贷：银行存款——人民币（××银行）
　　　　预付账款——单位（××单位）
工程完工收到承包单位提供的账单时：
借：固定资产——房屋建筑物（××房屋建筑物）
　　贷：在建工程——××工程（出包费）
④对固定资产进行改扩建时：
借：在建工程——××工程——材料费（××材料）【账面价值】
　　累计折旧——房屋建筑物（××房屋建筑物）【已计提的累计折】
　　贷：固定资产——房屋建筑物（××房屋建筑物）【原价】
在改扩建过程中发生的相关支出：
借：在建工程——××工程——材料费（××材料）
　　　　　　　　　　——设备费（××设备）

——人工费（××人工费）

——管理费（××费用）

贷：银行存款——人民币（××银行）

改扩建完成办理竣工决算时：

借：固定资产——房屋建筑物（××房屋建筑物）

贷：在建工程——××工程——材料费（××材料）

——设备费（××设备）

——人工费（××人工费）

——管理费（××费用）

（四）工程物资

工程物资科目核算小企业为在建工程准备的各种物资的成本。包括：工程用材料、尚未安装的设备以及为生产准备的工器具等，本科目期末借方余额，反映小企业为在建工程准备的各种物资的成本。

1. 本科目应按照“专用材料”“专用设备”“工器具”等进行明细核算。

2. 工程物资的主要账务处理。

①小企业购入为工程准备的物资，应当按照实际支付的购买价款和相关税费：

借：工程物资——××物资

贷：银行存款——人民币（××银行）

②领用工程物资时：

借：在建工程——××工程——材料费（××材料）

贷：工程物资——××物资

工程完工后将领出的剩余物资退库时：

借：工程物资——××物资

贷：在建工程——××工程——材料费（××材料）

工程完工后剩余的工程物资转作本企业存货时：

借：原材料——××材料

贷：工程物资——××物资

（五）固定资产清理

固定资产清理科目核算小企业因出售、报废、毁损、对外投资等原因处置固定资产所转出的固定资产账面价值以及在清理过程中发生的费用等，本科目期末借方余额，反映小企业尚未清理完毕的固定资产清理净损失；本科目期末贷方余额，反映小企业尚未清理完毕的固定资产清理净收益。

1. 本科目应按照被清理的固定资产项目进行明细核算。

2. 固定资产清理的主要账务处理。

①小企业因出售、报废、毁损、对外投资等原因处置固定资产时：

借：固定资产清理——房屋建筑物（××房屋建筑物）【账面价值】
——与生产经营有关的器具工具家具（××器具工具家具）【账面价值】
——机器机械和其他生产设备（××设备）【账面价值】
——运输工具（××运输工具）【账面价值】
——电子设备（××电子设备）【账面价值】
累计折旧——房屋建筑物（××房屋建筑物）
——与生产经营有关的器具工具家具（××器具工具家具）
——机器机械和其他生产设备（××设备）
——运输工具（××运输工具）
——电子设备（××电子设备）
贷：固定资产——房屋建筑物（××房屋建筑物）
——与生产经营有关的器具工具家具（××器具工具家具）
——机器机械和其他生产设备（××设备）
——运输工具（××运输工具）
——电子设备（××电子设备）

同时，按照税法规定不得从增值税销项税额中抵扣的进项税额：

借：固定资产清理——房屋建筑物（××房屋建筑物）
——与生产经营有关的器具工具家具（××器具工具家具）
——机器机械和其他生产设备（××设备）
——运输工具（××运输工具）
——电子设备（××电子设备）
贷：应交税费——应交增值税（进项税额转出）

②清理过程中应支付的相关税费及其他费用：

借：固定资产清理

贷：银行存款——人民币（××银行）

应交税费——应交增值税

取得出售固定资产的价款、残料价值和变价收入等处置收入时：

借：银行存款——人民币（××银行）

原材料——××材料

贷：固定资产清理——房屋建筑物（××房屋建筑物）

——与生产经营有关的器具工具家具（××器具工具家具）

——机器机械和其他生产设备（××设备）

——运输工具（××运输工具）

——电子设备（××电子设备）

应由保险公司或过失人赔偿的损失：

借：其他应收款——单位（××单位）

——个人（××人）

贷：固定资产清理——房屋建筑物（××房屋建筑物）

——与生产经营有关的器具工具家具（××器具工具家具）

——机器机械和其他生产设备（××设备）

——运输工具（××运输工具）

——电子设备（××电子设备）

③固定资产清理完成后，如为借方余额：

借：营业外支出——非流动资产处置净损失

贷：固定资产清理——房屋建筑物（××房屋建筑物）

——与生产经营有关的器具工具家具（××器具工具家具）

——机器机械和其他生产设备（××设备）

——运输工具（××运输工具）

——电子设备（××电子设备）

如为贷方余额：

借：固定资产清理——房屋建筑物（××房屋建筑物）

——与生产经营有关的器具工具家具（××器具工具家具）

——机器机械和其他生产设备（××设备）

——运输工具（××运输工具）

——电子设备（××电子设备）

贷：营业外收入——非流动资产处置净收益

（六）生产性生物资产

生产性生物资产科目核算小企业（农、林、牧、渔业）持有的生产性生物资产的原价（成本），本科目期末借方余额，反映小企业（农、林、牧、渔业）生产性生物资产的原价（成本）。

1. 本科目应按照“未成熟生产性生物资产”和“成熟生产性生物资产”，分别生物资产的种类、群别等进行明细核算。

2. 生产性生物资产的主要账务处理。

①小企业外购的生产性生物资产，按照购买价款和相关税费：

借：生产性生物资产——未成熟生产性生物资产——××种类（或群别）

——成熟生产性生物资产——××种类（或群别）

贷：银行存款——人民币（××银行）

涉及按照税法规定可抵扣的增值税进项税额的，还应当借记“应交税费——应交增值税（进项税额）”科目。

②自行营造的林木类生产性生物资产，达到预定生产经营目的前发生的造林费、抚育费、营林设施费、良种试验费、调查设计费和应分摊的间接费用等必要支出：

借：生产性生物资产——未成熟生产性生物资产——××种类（或群别）

贷：原材料——××材料

银行存款——人民币（××银行）

应付利息——××金融机构

③自行繁殖的产畜和役畜，达到预定生产经营目的前发生的饲料费、人工费和应分摊的间接费用等必要支出：

借：生产性生物资产——未成熟生产性生物资产——××种类（或群别）

贷：原材料——××材料

银行存款——人民币（××银行）

应付利息——××金融机构

④未成熟生产性生物资产达到预定生产经营目的时，按照其账面余额：

借：生产性生物资产——成熟生产性生物资产——××种类（或群别）

贷：生产性生物资产——未成熟生产性生物资产——××种类（或群别）

⑤育肥畜转为产畜或役畜，应当按照其账面余额：

借：生产性生物资产——成熟生产性生物资产——××种类（或群别）

贷：消耗性生物资产——××种类（群别）

产畜或役畜淘汰转为育肥畜，应按照转群时其账面价值：

借：消耗性生物资产——××种类（群别）

生产性生物资产累计折旧——成熟生产性生物资产——××种类（或群别）【已计提的累计折旧】

贷：生产性生物资产——成熟生产性生物资产——××种类（或群别）【原价】

⑥择伐、间伐或抚育更新等生产性采伐而补植林木类生产性生物资产发生的后续支出：

借：生产性生物资产——未成熟生产性生物资产——××种类（或群别）

贷：银行存款——人民币（××银行）

生产性生物资产发生的管护、饲养费用等后续支出：

借：管理费用——生物资产管护费

贷：银行存款——人民币（××银行）

⑦因出售、报废、毁损、对外投资等原因处置生产性生物资产，应按照取得的出售生产性生物资产的价款、残料价值和变价收入等处置收入：

借：银行存款——人民币（××银行）

生产性生物资产累计折旧——未成熟生产性生物资产——××种类（或群别）【已计提的累计折旧】

——成熟生产性生物资产——××种类（或群别）【已计提的累计折旧】

营业外支出——非流动资产处置净损失【差额】

贷：生产性生物资产——未成熟生产性生物资产——××种类（或群别）【原价】

——成熟生产性生物资产——××种类（或群

别）【原价】

营业外收入——处置非流动资产处置净收益【差额】

（七）生产性生物资产累计折旧

生产性生物资产累计折旧科目核算小企业（农、林、牧、渔业）成熟生产性生物资产的累计折旧，期末贷方余额，反映小企业成熟生产性生物资产的累计折旧额。

1. 本科目应按照生产性生物资产的种类、群别等进行明细核算。

2. 生产性生物资产累计折旧的主要账务处理。

小企业按月计提成熟生产性生物资产的折旧时：

借：生产成本——基本生产成本——××产品（制造费用）

管理费用——折旧费

贷：生产性生物资产累计折旧——未成熟生产性生物资产——××种类（或群别）

——成熟生产性生物资产——××种类（或群别）

处置生产性生物资产还应同时结转生产性生物资产累计折旧额。

第四节 无形资产和长期待摊费用的核算

一、无形资产和长期待摊费用

（一）无形资产

无形资产，是指小企业为生产产品、提供劳务、出租或经营管理而持有的、没有实物形态的可辨认非货币性资产。小企业的无形资产包括：土地使用权、专利权、商标权、著作权、非专利技术等。自行开发建造厂房等建筑物，相关的土地使用权与建筑物应当分别进行处理。外购土地及建筑物支付的价款应当在建筑物与土地使用权之间按照合理的方法进行分配；难以合理分配的，应当全部作为固定资产。

无形资产应当按照成本进行计量。

1. 外购无形资产的成本包括：购买价款、相关税费和相关的其他支出（含相关的借款费用）。

2. 投资者投入的无形资产的成本，应当按照评估价值和相关税费确定。

3. 自行开发的无形资产的成本，由符合资本化条件后至达到预定用途前发生的支出（含相关的借款费用）构成。

小企业自行开发无形资产发生的支出，同时满足下列条件的，才能确认为无形资产：

①完成该无形资产以使其能够使用或出售在技术上具有可行性；

②具有完成该无形资产并使用或出售的意图；

③能够证明运用该无形资产生产的产品存在市场或无形资产自身存在市场，无形资产将在内部使用的，应当证明其有用性；

④有足够的技术、财务资源和其他资源支持，以完成该无形资产的开发，并有能力使用或出售该无形资产；

⑤归属于该无形资产开发阶段的支出能够可靠地计量。

无形资产应当在其使用寿命内采用年限平均法进行摊销，根据其受益对象计入相关资产成本或者当期损益。无形资产的摊销期自其可供使用时开始至停止使用或出售时止。有关法律规定或合同约定了使用年限的，可以按照规定或约定的使用年限分期摊销。小企业不能可靠估计无形资产使用寿命的，摊销期不得低于 10 年。

处置无形资产，处置收入扣除其账面价值、相关税费等后的净额，应当计入营业外收入或营业外支出。前款所称无形资产的账面价值，是指无形资产的成本扣减累计摊销后的金额。

（二）长期待摊费用

小企业的长期待摊费用包括：已提足折旧的固定资产的改建支出、经营租入固定资产的改建支出、固定资产的大修理支出和其他长期待摊费用等。

前款所称固定资产的大修理支出，是指同时符合下列条件的支出：

第一，修理支出达到取得固定资产时的计税基础 50% 以上；

第二，修理后固定资产的使用寿命延长 2 年以上。

长期待摊费用应当在其摊销期限内采用年限平均法进行摊销，根据其受益对象计入相关资产的成本或者管理费用，并冲减长期待摊费用。

1. 已提足折旧的固定资产的改建支出，按照固定资产预计尚可使用年限分期摊销。

2. 经营租入固定资产的改建支出，按照合同约定的剩余租赁期限分期摊销。

3. 固定资产的大修理支出，按照固定资产尚可使用年限分期摊销。

4. 其他长期待摊费用，自支出发生月份的下月起分期摊销，摊销期不得低于 3 年。

二、无形资产和长期待摊费用的核算

（一）无形资产的核算

无形资产科目核算小企业持有的无形资产成本，期末借方余额，反映小企业无形资产的成本。

1. 本科目应按照无形资产项目进行明细核算。

2. 无形资产的主要账务处理。

①小企业外购无形资产，应当按照实际支付的购买价款、相关税费和相关的其他支出（含相关的利息费用）：

借：无形资产——××无形资产

　　贷：银行存款——人民币（××银行）

　　　　应付利息——××金融机构

②自行开发建造厂房等建筑物，外购土地及建筑物支付的价款应当在建筑物与土地使用权之间按照合理的方法进行分配，其中属于土地使用权的部分：

借：无形资产——××无形资产

　　贷：银行存款——人民币（××银行）

③收到投资者投入的无形资产，应当按照评估价值和相关税费：

借：无形资产——××无形资产

　　贷：实收资本——法人资本金（××单位）

　　　　资本公积——投资者出资额超出其注册资本

④开发项目达到预定用途形成无形资产的，按照应予资本化的支出：

借：无形资产——××无形资产

　　贷：研发支出——××项目——资本化支出（××支出）

⑤因出售、报废、对外投资等原因处置无形资产，应当按照取得的出售无形资产的价款等处置收入：

借：银行存款——人民币（××银行）

　　累计摊销——××无形资产【已计提的累计摊销】

　　营业外支出——非流动资产处置净损失【差额】

　　贷：应交税费——应交增值税（销项税）

　　　　无形资产——××无形资产

　　　　营业外收入——非流动资产处置净收益【差额】

（二）累计摊销的核算

累计摊销科目核算小企业对无形资产计提的累计摊销，本科目期末借方余额，反映小企业无形资产的累计摊销额。

1. 本科目应按照无形资产项目进行明细核算。

2. 累计摊销的主要账务处理。

小企业按月采用年限平均法计提无形资产的摊销，应当按照无形资产的受益对象：

借：制造费用——无形资产摊销

　　管理费用——无形资产摊销

　　贷：累计摊销——××无形资产

处置无形资产还应同时结转累计摊销。

（三）长期待摊费用的核算

长期待摊费用科目核算小企业已提足折旧的固定资产的改建支出、经营租入固定资产的改建支出、固定资产的大修理支出和其他长期待摊费用等，本科目期末借方余额，反映小企业尚未摊销完毕的长期待摊费用。

1. 本科目应按照支出项目进行明细核算。

2. 长期待摊费用的主要账务处理。

①小企业发生的长期待摊费用：

借：长期待摊费用——××费用

　　贷：银行存款——人民币（××银行）

　　　　原材料——××材料

②按月采用年限平均法摊销长期待摊费用，应当按照长期待摊费用的受益对象：

借：制造费用——××费用

管理费用——××费用

贷：长期待摊费用——××费用

（四）待处理财产损溢的核算

待处理财产损溢科目核算小企业在清查财产过程中查明的各种财产盘盈、盘亏和毁损的价值，小企业的财产损溢，应当查明原因，在年末结账前处理完毕，处理后本科目应无余额。所采购物资在运输途中因自然灾害等发生的损失或尚待查明的损耗，也通过本科目核算。

1. 本科目应按照待处理流动资产损溢和待处理非流动资产损溢进行明细核算。

2. 待处理财产损溢的主要账务处理。

①盘盈的各种材料、产成品、商品、现金等，应当按照同类或类似存货的市场价格或评估价值：

借：原材料——××材料

库存商品——××商品（或产品）

库存现金——人民币

贷：待处理财产损溢——待处理流动资产损溢（××资产）

盘亏、毁损、短缺的各种材料、产成品、商品、现金等，应当按照其账面余额：

借：待处理财产损溢——待处理流动资产损溢（××资产）

贷：材料采购——××单位（××材料）

在途物资——××单位（××材料）

原材料——××材料

库存商品——××商品（或产品）

库存现金——人民币

涉及增值税进项税额的，还应进行相应的账务处理。

盘盈的固定资产，按照同类或类似固定资产的市场价格或评估价值扣除按照该项固定资产新旧程度估计的折旧后的余额：

借：固定资产清理——房屋建筑物（××房屋建筑物）

——与生产经营有关的器具工具家具（××器具工具家具）

——机器机械和其他生产设备（××设备）

——运输工具（××运输工具）

——电子设备（××电子设备）

贷：待处理财产损溢——待处理非流动资产损溢（××资产）

盘亏的固定资产，按照该项固定资产的账面价值：

借：待处理财产损溢——待处理非流动资产损溢（××资产）

累计折旧——房屋建筑物（××房屋建筑物）

——与生产经营有关的器具工具家具（××器具工具家具）

——机器机械和其他生产设备（××设备）

——运输工具（××运输工具）

——电子设备（××电子设备）

贷：固定资产——房屋建筑物（××房屋建筑物）

——与生产经营有关的器具工具家具（××器具工具家具）

——机器机械和其他生产设备（××设备）

——运输工具（××运输工具）

——电子设备（××电子设备）

②盘亏、毁损、报废的各项资产，按照管理权限经批准后处理时：

借：原材料——××材料【残料价值】

其他应收款——个人（××个人）【可收回的保险赔偿或过失人赔偿】

营业外支出——存货的盘亏、毁损、报废损失【差额】

——非流动资产处置净损失【差额】

贷：待处理财产损溢——待处理流动资产损溢（××资产）

——待处理非流动资产损溢（××资产）

盘盈的各种材料、产成品、商品、固定资产、现金等，按照管理权限经批准后处理时，按照待处理财产损溢科目余额：

借：待处理财产损溢——待处理流动资产损溢（××资产）

——待处理非流动资产损溢（××资产）

贷：营业外收入——盘盈收益

第三章

负债的核算

负债，是指小企业过去的交易或者事项形成的，预期会导致经济利益流出小企业的现时义务。小企业的负债按照其流动性，可分为流动负债和非流动负债。

第一节 流动负债的核算

一、流动负债

小企业的流动负债，是指预计在 1 年内或者超过 1 年的一个正常营业周期内清偿的债务。小企业的流动负债包括：短期借款、应付及预收款项、应付职工薪酬、应交税费、应付利息等。

各项流动负债应当按照其实际发生额入账。小企业确实无法偿付的应付款项，应当计入营业外收入。

1. 短期借款应当按照借款本金和借款合同利率在应付利息日计提利息费用，计入财务费用。

2. 应付职工薪酬，是指小企业为获得职工提供的服务而应付给职工的各种形式的报酬以及其他相关支出。小企业的职工薪酬包括：

（1）职工工资、奖金、津贴和补贴。

（2）职工福利费。

（3）医疗保险费、养老保险费、失业保险费、工伤保险费和生育保险费等社会保险费。

（4）住房公积金。

（5）工会经费和职工教育经费。

（6）非货币性福利。

（7）因解除与职工的劳动关系给予的补偿。

（8）其他与获得职工提供的服务相关的支出等。

小企业应当在职工为其提供服务的会计期间，将应付的职工薪酬确认为负债，并根据职工提供服务的受益对象，分别按下列情况进行会计处理：

（1）应由生产产品、提供劳务负担的职工薪酬，计入产品成本或劳务成本。

（2）应由在建工程、无形资产开发项目负担的职工薪酬，计入固定资产成本或无形资产成本。

（3）其他职工薪酬（含因解除与职工的劳动关系给予的补偿），计入当期损益。

二、流动负债的核算

（一）短期借款的核算

短期借款科目核算小企业向银行或其他金融机构等借入的期限在1年内的各种借款，本科目期末贷方余额，反映小企业尚未偿还的短期借款本金。

1. 本科目应按照借款种类、贷款人和币种进行明细核算。

2. 短期借款的主要账务处理。

①小企业借入各种短期借款时：

借：银行存款——人民币（××银行）

　　贷：短期借款——××银行（或借款种类）

偿还借款，做相反的会计分录。

银行承兑汇票到期，小企业无力支付票款的，按照银行承兑汇票的票面金额：

借：应付票据——××单位（××汇票）

　　贷：短期借款——××银行（或借款种类）

持未到期的商业汇票向银行贴现，应当按照实际收到的金额（即减去贴现息后的净额）：

借：银行存款——人民币（××银行）

财务费用——利息费用【贴现息】

贷：应收票据——单位（××单位）【（商业汇票的票面金额）（银行无追索权情况下）】

应付票据——××单位（××汇票）【银行有追索权情况下】

②在应付利息日，应当按照短期借款合同利率计算确定的利息费用：

借：财务费用——利息费用

贷：应付利息——××金融机构

（二）应付票据的核算

应付票据科目核算小企业因购买材料、商品和接受劳务等日常生产经营活动开出、承兑的商业汇票（银行承兑汇票和商业承兑汇票），本科目期末贷方余额，反映小企业开出、承兑的尚未到期的商业汇票的票面金额。

1. 本科目应按照债权人进行明细核算。

2. 应付票据的主要账务处理。

①小企业开出、承兑商业汇票或以承兑商业汇票抵付货款、应付账款时：

借：材料采购——××单位（××材料）

在途物资——××单位（××材料）

库存商品——××商品（或产品）

应付账款——单位（××单位）

贷：应付票据——××单位（××汇票）

涉及增值税进项税额的，还应进行相应的账务处理。

②支付银行承兑汇票的手续费时：

借：财务费用——银行手续费

贷：银行存款——人民币（××银行）

③支付票款时：

借：应付票据——××单位（××汇票）

贷：银行存款——人民币（××银行）

④银行承兑汇票到期，小企业无力支付票款的，按照银行承兑汇票的票面金额：

借：应付票据——××单位（××汇票）

贷：短期借款——××银行（或借款种类）

⑤小企业应当设置“应付票据备查簿”，详细登记商业汇票的种类、号数和出票日期、到期日、票面金额、交易合同号和收款人姓名或单位名称以及付款日期和金额等资料，商业汇票到期结清票款后，在备查簿中应予注销。

（三）应付账款的核算

应付账款科目核算小企业因购买材料、商品和接受劳务等日常生产经营活动应支付的款项，期末贷方余额，反映小企业尚未支付的应付账款。

1. 本科目应按照对方单位（或个人）进行明细核算。

2. 应付账款的主要账务处理。

①小企业购入材料、商品等未验收入库，货款尚未支付，应当根据有关凭证（发票账单、随货同行发票上记载的实际价款或暂估价值）：

借：在途物资——××单位（××材料）

　　应交税费——应交增值税（进项税额）

　　贷：应付账款——单位（××单位）

接受供应单位提供劳务而发生的应付未付款项，应当根据供应单位的发票账单：

借：生产成本——基本生产成本——××产品（直接人工）

　　管理费用——××费用

　　贷：应付账款——单位（××单位）

②偿付应付账款时：

借：应付账款——单位（××单位）

　　贷：银行存款——人民币（××银行）

小企业确实无法偿付应付账款时：

借：应付账款——单位（××单位）

　　贷：营业外收入——确实无法偿付的应付款项

（四）预收账款的核算

预收账款科目核算小企业按照合同规定预收的款项。包括：预收的购货款、工程款等，本科目期末贷方余额，反映小企业预收的款项；期末如为借方余额，反映小企业尚未转销的款项。

预收账款情况不多的，也可以不设置本科目，将预收的款项直接记入“应收账款”科目贷方。

1. 本科目应按照对方单位（或个人）进行明细核算。

2. 预收账款的主要账务处理。

①小企业向购货单位预收的款项：

借：银行存款——人民币（××银行）

贷：预收账款——单位（××单位）

②销售收入实现时，按照实现的收入金额：

借：预收账款——单位（××单位）

贷：主营业务收入——××收入

涉及增值税销项税额的，还应进行相应的账务处理。

（五）应付职工薪酬的核算

应付职工薪酬科目核算小企业根据有关规定应付给职工的各种薪酬，本科目期末贷方余额，反映小企业应付未付的职工薪酬。

小企业（外商投资）按照规定从净利润中提取的职工奖励及福利基金，也通过应付职工薪酬科目核算。

1. 应付职工薪酬科目应按照“职工工资”“奖金津贴和补贴”“职工福利费”“社会保险费”“住房公积金”“工会经费”“职工教育经费”“非货币性福利”“辞退福利”等明细科目进行核算。

2. 应付职工薪酬的主要账务处理。

（1）月末，小企业应当将本月发生的职工薪酬区分以下情况进行分配：

①生产部门（提供劳务）人员的职工薪酬：

借：生产成本——基本生产成本——××产品（直接人工）

制造费用——××车间（工资）

——××车间（福利费）

贷：应付职工薪酬——职工工资

——奖金、津贴和补贴

——职工福利费

②应由在建工程、无形资产开发项目负担的职工薪酬：

借：在建工程——××工程

研发支出——××项目——资本化支出（××支出）

贷：应付职工薪酬——职工工资

——奖金、津贴和补贴

——职工福利费

③管理部门人员的职工薪酬和因解除与职工的劳动关系给予的补偿：

借：管理费用——工资

　贷：应付职工薪酬——职工工资

　　　　　　　　——奖金、津贴和补贴

　　　　　　　　——职工福利费

　　　　　　　　——社会保险费

　　　　　　　　——住房公积金

　　　　　　　　——工会经费

　　　　　　　　——职工教育经费

　　　　　　　　——非货币性福利

　　　　　　　　——辞退福利

④销售人员的职工薪酬：

借：销售费用——工资

　　　　　　——福利费

　贷：应付职工薪酬——职工工资

　　　　　　　　——奖金、津贴和补贴

　　　　　　　　——职工福利费

(2) 小企业发放职工薪酬应当区分以下情况进行处理：

①向职工支付工资、奖金、津贴、福利费等，从应付职工薪酬中扣还的各种款项（代垫的家属药费、个人所得税等）等：

借：应付职工薪酬——职工工资

　　　　　　——奖金、津贴和补贴

　　　　　　——职工福利费

　贷：库存现金——人民币

　　　银行存款——人民币（××银行）

　　　其他应收款——个人（××人）

　　　应交税费——应交个人所得税

②支付工会经费和职工教育经费用于工会活动和职工培训：

借：应付职工薪酬——工会经费

　　　　　　——职工教育经费

　贷：银行存款——人民币（××银行）

③按照国家有关规定缴纳的社会保险费和住房公积金：

借：应付职工薪酬——住房公积金

　　贷：银行存款——人民币（××银行）

④以其自产产品发放给职工的，按照其销售价格：

借：应付职工薪酬——非货币性福利

　　贷：主营业务收入——××收入

　　　　应交税费——应交增值税（销项税额）

同时，还应结转产成品的成本。

⑤支付的因解除与职工的劳动关系给予职工的补偿：

借：应付职工薪酬——辞退福利

　　贷：库存现金——人民币

　　　　银行存款——人民币（××银行）

（六）应交税费的核算

应交税费科目核算小企业按照税法等规定计算应交纳的各种税费。包括：增值税、消费税、城市维护建设税、企业所得税、资源税、土地增值税、城镇土地使用税、房产税、车船税和教育费附加、矿产资源补偿费、排污费、环保税等，本科目期末贷方余额，反映小企业尚未交纳的税费；期末如为借方余额，反映小企业多交或尚未抵扣的税费。小企业代扣代缴的个人所得税等，也通过本科目核算。

1. 本科目应按照应交的税费项目进行明细核算。

应交增值税还应当分别“进项税额”“加计递减额”“销项税额”“出口退税”“进项税额转出”“已交税金”等设置专栏。

小规模纳税人只需设置“应交增值税”明细科目，不需要在“应交增值税”明细科目中设置上述专栏。

2. 应交税费的主要账务处理。

(1) 应交增值税的主要账务处理。

①小企业采购物资等，按照应计入采购成本的金额：

借：材料采购——××单位（××材料）

　　在途物资——××单位（××材料）

　　原材料——××材料

　　库存商品——××商品（或产品）

应交税费——应交增值税（进项税额）

贷：应付账款——单位（××单位）

银行存款——人民币（××银行）

购入物资发生退货的，做相反的会计分录。

购进免税农业产品，按照购入农业产品的买价和税法规定的税率计算的增值税进项税额：

借：应交税费——应交增值税（进项税额）

材料采购——××单位（××材料）

在途物资——××单位（××材料）

贷：应付账款——单位（××单位）

库存现金——人民币

银行存款——人民币（××银行）

②销售商品（提供劳务），按照收入金额和应收取的增值税销项税额：

借：应收账款——单位（××单位）

银行存款——人民币（××银行）

贷：应交税费——应交增值税（销项税额）

主营业务收入——××收入

其他业务收入——××收入

发生销售退回时：

借：应交税费——应交增值税（销项税额）

主营业务收入——××收入

其他业务收入——××收入

贷：应收账款——单位（××单位）

银行存款——人民币（××银行）

随同商品出售但单独计价的包装物，应当按照实际收到或应收的金额：

借：银行存款——人民币（××银行）

应收账款——单位（××单位）

贷：应交税费——应交增值税（销项税额）

其他业务收入——××收入

③有出口产品的小企业，其出口退税的账务处理如下：

实行“免、抵、退”管理办法的小企业，按照税法规定计算的当期出口产品不予免征、抵扣和退税的增值税额：

借：主营业务成本——××成本

贷：应交税费——应交增值税（进项税额转出）

按照税法规定计算的当期应予抵扣的增值税额：

借：应交税费——应交增值税（出口抵减内销产品应纳税额）

贷：应交税费——应交增值税（出口退税）

出口产品按照税法规定应予退回的增值税款：

借：其他应收款——单位（××单位）

贷：应交税费——应交增值税（出口退税）

未实行"免、抵、退"管理办法的小企业，出口产品实现销售收入时，应当按照应收的金额：

借：应收账款——单位（××单位）

其他应收款——单位（××单位）【应收的出口退税】

主营业务成本——××成本【按照税法规定不予退回的增值税额】

贷：主营业务收入——××收入【确认的销售商品收入额】

应交税费——应交增值税（销项税额）

④购入材料等按照税法规定不得从增值税销项税额中抵扣的进项税额，其进项税额应计入材料等的成本：

借：材料采购——单位（××材料）【含增值税】

在途物资——单位（××材料）【含增值税】

贷：银行存款——人民币（××银行）

⑤将自产的产品等用作福利发放给职工，应视同产品销售计算应交增值税：

借：应付职工酬薪——职工工资

贷：主营业务收入——××收入

应交税费——应交增值税（销项税额）

⑥购进的物资、在产品、产成品因盘亏、毁损、报废、被盗，以及购进物资改变用途等原因按照税法规定不得从增值税销项税额中抵扣的进项税额，其进项税额应转入有关科目：

借：待处理财产损溢——待处理流动资产损溢（××资产）

贷：应交税费——应交增值税（进项税额转出）

由于工程而使用本企业的产品或商品，应当按照成本：

借：在建工程——××工程

贷：库存商品——××商品

同时，按照税法规定应交纳的增值税销项税额：

借：在建工程——××工程

贷：应交税费——应交增值税（销项税额）

[案例3-1]

甲公司系增值税一般纳税人，1号生产车间扩建工程领用本公司生产的成本80 000元、售价100 000元（不含税）、增值税率13%的钢窗。

领用时：

借：在建工程——1号生产车间扩建工程　　93 000

贷：库存商品——钢窗　　80 000

应交税费——应交增值税（销项税额）　　13 000

年终企业所得税汇算清缴时，做纳税调整增加额20 000元（100 000元-80 000元）。

⑦交纳增值税时：

借：应交税费——应交增值税（已交税金）

贷：银行存款——人民币（××银行）

⑧加计递减额：

税法规定2019~2021年，生产、生活性服务业纳税人取得资产或接受劳务时，可以按照当期可抵扣进项税额加计一定比例（10%或15%）抵减应纳税额。

会计处理：

借：相关科目

应交税费——应交增值税（进项税额）

应交税费——应交增值税（加计递减额）

贷：银行存款——人民币（××银行）

[案例3-2]

甲公司系增值税一般纳税人（2019年度满足加计抵减政策条件），2019年4月公司管理人员出差过程中取得航空客票行程单，行程单上注明票价5 000元，燃油附加费0元，机场建设费200元，合计金额5 200元，抵扣进项税额5 000÷（1+9%）×9%=412.84元（机场建设费不可以计算抵扣进项税），不考虑其他情况：

借：管理费用——差旅费　　4 745.88

应交税费——应交增值税（进项税额） 412.84

应交税费——应交增值税（加计递减额）

41.28（412.84×10%）

贷：银行存款——人民币（××银行） 5 200

（2）应交消费税的主要账务处理。

①销售需要交纳消费税的物资应交的消费税：

借：营业税金及附加——消费税

贷：应交税费——应交消费税

②以生产的产品用于在建工程、非生产机构等，按照税法规定应交纳的消费税：

借：在建工程——××工程

管理费用——税金

贷：应交税费——应交消费税

随同商品出售但单独计价的包装物，按照税法规定应交纳的消费税：

借：营业税金及附加——消费税

贷：应交税费——应交消费税

出租、出借包装物逾期未收回没收的押金应交的消费税：

借：营业税金及附加——消费税

贷：应交税费——应交消费税

③需要交纳消费税的委托加工物资，由受托方代收代缴税款（除受托加工或翻新改制金银首饰按照税法规定由受托方交纳消费税外）。小企业（受托方）按照应交税款金额：

借：应收账款——单位（××单位）

银行存款——人民币（××银行）

贷：应交税费——应交消费税

委托加工物资收回后，直接用于销售的，小企业（委托方）应将代收代缴的消费税计入委托加工物资的成本：

借：库存商品——××商品（或产品）

贷：应付账款——单位（××单位）

银行存款——人民币（××银行）

委托加工物资收回后用于连续生产，按照税法规定准予抵扣的，按照代收代缴的消费税：

借：应交税费——应交消费税

　　贷：应付账款——单位（××单位）

　　　　银行存款——人民币（××银行）

④有金银首饰零售业务的以及采用以旧换新方式销售金银首饰的小企业，在营业收入实现时，按照应交的消费税：

借：营业税金及附加——消费税

　　贷：应交税费——应交消费税

有金银首饰零售业务的小企业因受托代销金银首饰按照税法规定应交纳的消费税：

借：营业税金及附加——消费税

　　贷：应交税费——应交消费税

以其他方式代销金银首饰的，其交纳的消费税：

借：营业税金及附加——消费税

　　贷：应交税费——应交消费税

有金银首饰批发、零售业务的小企业将金银首饰用于馈赠、赞助、广告、职工福利、奖励等方面的，应于物资移送时，按照应交的消费税：

借：营业外支出——捐赠支出

　　销售费用——广告费

　　　　　　——业务宣传费

　　应付职工薪酬——职工福利费

　　贷：应交税费——应交消费税

随同金银首饰出售但单独计价的包装物，按照税法规定应交纳的消费税：

借：营业税金及附加——消费税

　　贷：应交税费——应交消费税

小企业因受托加工或翻新改制金银首饰按照税法规定应交纳的消费税，于向委托方交货时：

借：营业税金及附加——消费税

　　贷：应交税费——应交消费税

⑤需要交纳消费税的进口物资，其交纳的消费税应计入该项物资的成本：

借：材料采购——××单位（××材料）

　　在途物资——××单位（××材料）

　　库存商品——××商品（或产品）

固定资产——机器、机械和其他生产设备（××设备）

贷：银行存款——人民币（××银行）

⑥小企业（生产性）直接出口或通过外贸企业出口的物资，按照税法规定直接予以免征消费税的，可不计算应交消费税。

⑦交纳消费税时：

借：应交税费——应交消费税

贷：银行存款——人民币（××银行）

(3) 应交城市维护建设税和教育费附加的主要账务处理。

①小企业按照税法规定应交的城市维护建设税、教育费附加：

借：营业税金及附加——附加税费

贷：应交税费——应交城市维护建设税

——应交教育费附加

②交纳城市维护建设税和教育费附加时：

借：应交税费——应交城市维护建设税

——应交教育费附加

贷：银行存款——人民币（××银行）

(4) 应交企业所得税的主要账务处理。

①小企业计提按照税法规定应交的企业所得税：

借：所得税费用——本年度所得税

贷：应交税费——应交企业所得税

②交纳企业所得税时：

借：应交税费——应交企业所得税

贷：银行存款——人民币（××银行）

(5) 应交资源税的主要账务处理。

①小企业销售商品按照税法规定应交纳资源税时：

借：营业税金及附加——资源税

贷：应交税费——应交资源税

②自产自用的物资应交纳资源税时：

借：生产成本——基本生产成本——××产品（制造费用）

贷：应交税费——应交资源税

③收购未税矿产品，按照实际支付的价款：

借：材料采购——××单位（××材料）

在途物资——××单位（××材料）

贷：银行存款——人民币（××银行）

按照代扣代缴资源税时：

借：材料采购——××单位（××材料）

在途物资——××单位（××材料）

贷：应交税费——应交资源税

④外购液体盐加工固体盐，在购入液体盐时：

借：应交税费——应交资源税【税法规定所允许抵扣的资源税】

材料采购——××单位（××材料）【购买价款减去允许抵扣的资源税】

在途物资——××单位（××材料）【购买价款减去允许抵扣的资源税】

原材料——××材料【购买价款减去允许抵扣的资源税】

贷：银行存款——人民币（××银行）【应支付的购买价款】

应付账款——单位（××单位）【应支付的购买价款】

加工成固体盐后，在销售时，按照销售固体盐应交纳的资源税：

借：营业税金及附加——资源税

贷：应交税费——应交资源税

将销售固体盐应交资源税抵扣液体盐已交资源税后的差额上交时：

借：应交税费——应交资源税

贷：银行存款——人民币（××银行）

⑤交纳资源税时：

借：应交税费——应交资源税

贷：银行存款——人民币（××银行）

（6）应交土地增值税的主要账务处理。

①小企业转让土地使用权应交纳的土地增值税，土地使用权与地上建筑物及其附着物一并在“固定资产”科目核算的：

借：固定资产清理——房屋建筑物（××房屋建筑物）

贷：应交税费——应交土地增值税

土地使用权在“无形资产”科目核算的：

借：银行存款——人民币（××银行）【实际收到的金额】

累计摊销——××无形资产【已计提的累计摊销】

营业外支出——非流动资产处置净损失【差额】

贷：应交税费——应交土地增值税【应交纳的土地增值税】

无形资产——××无形资产

营业外收入——非流动资产处置净收益【差额】

②小企业（房地产开发经营）销售房地产应交纳的土地增值税：

借：营业税金及附加——土地增值税

贷：应交税费——应交土地增值税

③交纳土地增值税时：

借：应交税费——应交土地增值税

贷：银行存款——人民币（××银行）

（7）应交城镇土地使用税、房产税、车船税、环境保护税、矿产资源补偿费、排污费的主要账务处理。

①小企业按照规定计提应交纳的城镇土地使用税、房产税、车船税、环境保护税、矿产资源补偿费、排污费：

借：营业税金及附加——城镇土地使用税

——房产税

——车船税

——环境保护税

——矿产资源补偿费

——排污费

贷：应交税费——应交城镇土地使用税

——应交房产税

——应交车船税

——应交环境保护税

——应交矿产资源补偿费

——应交排污费

②交纳城镇土地使用税、房产税、车船税、环境保护税、矿产资源补偿费、排污费时：

借：应交税费——应交城镇土地使用税

——应交房产税

——应交车船税

——应交环境保护税

——应交矿产资源补偿费

——应交排污费

贷：银行存款——人民币（××银行）

（8）应交个人所得税的主要账务处理。

①小企业按照税法规定应代扣代缴的职工个人所得税：

借：应付职工薪酬——职工工资

贷：应交税费——应交个人所得税

②交纳个人所得税时：

借：应交税费——应交个人所得税

贷：银行存款——人民币（××银行）

（9）小企业按照规定实行企业所得税、增值税、消费税等先征后返的，应当在实际收到返还的企业所得税、增值税（不含出口退税）、消费税等时：

借：银行存款——人民币（××银行）

贷：营业外收入——政府补助

（七）应付利息的核算

应付利息科目核算小企业按照合同约定应支付的利息费用，本科目期末贷方余额，反映小企业应付未付的利息费用，期末贷方余额，反映小企业应付未付的利息费用。

1. 本科目应按照贷款人等进行明细核算。

2. 应付利息的主要账务处理。

（1）在应付利息日，小企业应当按照合同利率计算确定的利息费用：

借：财务费用——利息费用

在建工程——××工程

贷：应付利息——××投资者（或××金融机构）

（2）实际支付利息时：

借：应付利息——××投资者（或××金融机构）

贷：银行存款——人民币（××银行）

（八）应付利润的核算

应付利润科目核算小企业向投资者分配的利润，期末贷方余额，反映小企业应付未付的利润。

1. 本科目应按照投资者进行明细核算。

2. 应付利润的主要账务处理。

(1) 小企业根据规定或协议确定的应分配给投资者的利润：

借：利润分配——应付利润

　　贷：应付利润——××投资者

(2) 向投资者实际支付利润时：

借：应付利润——××投资者

　　贷：库存现金——人民币

　　　　银行存款——人民币（××银行）

(九) 其他应付款的核算

其他应付款科目核算小企业除应付账款、预收账款、应付职工薪酬、应交税费、应付利息、应付利润等以外的其他各项应付、暂收的款项，如应付租入固定资产和包装物的租金、存入保证金等，期末贷方余额，反映小企业应付未付的其他应付款项。

1. 本科目应按照其他应付款的项目和对方单位（或个人）进行明细核算。

2. 其他应付款的主要账务处理。

(1) 小企业发生的其他各种应付、暂收款项：

借：管理费用——水电费

　　贷：其他应付款——单位（××单位）

　　　　　　　　　——个人（××个人）

(2) 支付的其他各种应付、暂收款项时：

借：其他应付款——单位（××单位）

　　　　　　　——个人（××个人）

　　贷：银行存款——人民币（××银行）

小企业无法支付其他应付款时：

借：其他应付款——单位（××单位）

　　　　　　　——个人（××个人）

　　贷：营业外收入——确实无法支付的应付款项

(十) 递延收益的核算

递延收益科目核算小企业已经收到、应在以后期间计入损益的政府补助，期末贷方余额，反映小企业已经收到、但应在以后期间计入损益的政府补助。

1. 本科目应按照相关项目进行明细核算。

2. 递延收益的主要账务处理。

（1）小企业收到与资产相关的政府补助：

借：银行存款——人民币（××银行）

　　贷：递延收益——××收益

在相关资产的使用寿命内平均分配递延收益：

借：递延收益——××收益

　　贷：营业外收入——政府补助

（2）收到的其他政府补助，用于补偿本企业以后期间的相关费用或亏损的，应当按照收到的金额：

借：银行存款——人民币（××银行）

　　贷：递延收益——××收益

在发生相关费用或亏损的未来期间，应当按照应补偿的金额：

借：递延收益——××收益

　　贷：营业外收入——政府补助

用于补偿本企业已发生的相关费用或亏损的，应当按照收到的金额：

借：银行存款——人民币（××银行）

　　贷：营业外收入——政府补助

[案例3－3]

甲公司2019年1月10日收到政府450万元财政拨款（存入A银行）用于ZH产品研发项目购买科研设备1台。企业于1月29日购入该无需安装的H设备并交付使用，实际成本480万元，其中用自有资金30万元支付。该设备使用寿命10年，直线法计提折旧，无残值。8年后的2月10日出售该设备，收到价款120万元。

（1）2019年1月10日收到财政拨款时：

借：银行存款——A银行　　4 500 000

　　贷：递延收益——ZH产品项目补助收益　　4 500 000

（2）2019年1月29日购入该设备时：

借：固定资产——机器、机械和其他生产设备（H设备）

4 800 000

　　贷：银行存款——A银行　　4 800 000

（3）自2019年2月每日计提折旧、分摊递延收益：

借：研发支出——ZH产品研发项目

40 000【4 800 000 ÷ 10 ÷ 12】

贷：累计折旧——机器、机械和其他生产设备（H设备）

40 000

借：递延收益——ZH产品项目补助收益

37 500【4 500 000 ÷ 10 ÷ 12】

贷：营业外收入——政府补助　37 500

（4）8年后的2月10日出售该设备，同时转销该递延收益余额：

借：固定资产清理——机器、机械和其他生产设备（H设备）

960 000

累计折旧——机器、机械和其他生产设备（H设备）

3 840 000【40 000 × 12 × 8】

贷：固定资产——机器、机械和其他生产设备（H设备）

4 800 000

借：银行存款——A银行　1 200 000

贷：固定资产清理——机器、机械和其他生产设备（H设备）

960 000

营业外收入——非流动资产处置净收益　240 000

借：递延收益——ZH产品项目补助收益

900 000【4 500 000 -（37 500 × 12 × 8）】

贷：营业外收入——政府补助　900 000

第二节　非流动负债的核算

小企业的非流动负债，是指流动负债以外的负债。小企业的非流动负债包括：长期借款、长期应付款等。

一、非流动负债

非流动负债应当按照其实际发生额入账。长期借款应当按照借款本金和借款合同利率在应付利息日计提利息费用，计入相关资产成本或财务费用。

二、非流动负债的核算

（一）长期借款的核算

长期借款科目核算小企业向银行或其他金融机构借入的期限在1年以上的各项借款本金，期末贷方余额，反映小企业尚未偿还的长期借款本金。

1. 本科目应按照借款种类、贷款人和币种进行明细核算。

2. 长期借款的主要账务处理。

（1）小企业借入长期借款时：

借：银行存款——人民币（××银行）

　　贷：长期借款——××银行（或借款种类）

（2）在应付利息日，应当按照借款本金和借款合同利率计提利息费用：

借：财务费用——利息费用

　　在建工程——××工程

　　贷：应付利息——××金融机构

（3）偿还长期借款本金时：

借：长期借款——××银行（或借款种类）

　　贷：银行存款——人民币（××银行）

3. 应予资本化的借款范围。应予资本化的借款范围既包括专门借款，也包括一般借款。专门借款，是指为购建或者生产符合资本化条件的资产而专门借入的款项。一般借款则是指除专门借款之外的借款。对于一般借款，只有在购建或者生产符合资本化条件的资产占用了一般借款时，才应将与该部分一般借款相关的借款费用资本化；否则，所发生的借款费用应当计入当期损益。应予资本化的借款仅为专门借款。专门借款的处理需要下面几点：专门借款发生的利息费用在资本化期间是都可以资本化的；不管专门借款有没有被占用，以及占用多少，利息费用都可以资本化；可以扣除的利息收入部分必须是在资本化期间内闲置资金的利息收入；注意利息支出资本化和利息收入扣除的期间的一致。

4. 应予资本化的借款举例说明。

[案例3-4]

甲公司向A银行借款用于1号车间工程建设，第一笔借款1 200万元，利率7%，期限两年；第二笔借款1 500万元，利率6%，期限一年；工程从2017年2月正式开始，支出800万元；7~9月非正常中断，10月开工支出1 000万元。已知闲置资金的投资收益为0.5%每月。

[解析] 本题中资本化期间为2~6月和10~12月两个期间共8个月的时间。

专门借款利息支出=(1 200×7%+1 500×6%)×8/12=116（万元）

专门借款资本化期间利息收益=(1 200+1 500-800)×0.5%×5+(1 200+1 500-800-1 000)×0.5%×3=61（万元）

专门借款资本化利息支出=116-61=55（万元）

[账务处理]

借：在建工程——1号车间工程	550 000
银行存款——人民币（A银行）	610 000
贷：应付利息——A银行	1 160 000

[案例3-5]

甲公司借款用于1号车间工程建设，于2018年1月1日从A银行借入专门借款1 000万元用于工程建设，年利率6%，利息按年支付。其他有关资料如下：

(1) 工程于2018年1月1日开工，甲公司于2018年1月1日支付给建筑承包商乙公司300万元；2018年1月1日至3月末，该借款闲置的资金取得的存款利息收入为4万元。

(2) 2018年4月1日工程因纠纷停工，直到7月1日继续施工。第二季度取得的该笔借款闲置资金存款利息收入为4万元。

(3) 2018年7月1日又支付工程款400万元。第三季度，甲公司用该借款的闲置资金300万元购入交易性证券，获得投资收益9万元，已存入银行。

(4) 第四季度，10月1日甲公司支付工程进度款300万元。截至2018年末该工程尚未完工。

[要求]

(1) 判断专门借款在2018年的资本化期间；

(2) 按季计算2018年与工程有关的利息、利息资本化金额，并进行账务处理。

[解析]

(1) 专门借款的资本化期间。

2018 年资本化期间为 2018 年 1 月 1 日 ~12 月 31 日，但 4 月 1 日 ~6 月 30 日应暂停资本化。

(2) 按季计算 2018 年与工程有关的利息、利息资本化金额，并进行账务处理：

①第一季度：

专门借款利息 =1 000×6% ÷4 =15（万元）

利息资本化金额 = 利息费用 - 闲置资金取得的利息收入 =15 -4 =11（万元）

借：在建工程——1 号车间工程 110 000
　　银行存款——人民币（A 银行） 40 000
　　贷：应付利息——A 银行 150 000

②第二季度（暂停资本化）：

专门借款利息 =1 000×6% ÷4 =15（万元）

计入财务费用的金额 =15 -4 =11（万元）

借：财务费用——利息费用 110 000
　　银行存款——人民币（A 银行） 40 000
　　贷：应付利息——A 银行 150 000

③第三季度：

专门借款利息 =1 000×6% ÷4 =15（万元）

利息资本化金额 =15 -9 =6（万元）

借：在建工程——1 号车间工程 60 000
　　银行存款——人民币（A 银行） 90 000
　　贷：应付利息——A 银行 150 000

④第四季度：

专门借款利息 =1 000×6% ÷4 =15（万元）应全部资本化。

借：在建工程——1 号车间工程 150 000
　　贷：应付利息 ——A 银行 150 000

(二) 长期应付款的核算

长期应付款科目核算小企业除长期借款以外的其他各种长期应付款项。

包括：应付融资租入固定资产的租赁费、以分期付款方式购入固定资产发生的应付款项等，期末贷方余额，反映小企业应付未付的长期应付款项。

1. 本科目应按照长期应付款的种类和债权人进行明细核算。

2. 长期应付款的主要账务处理。

（1）小企业融资租入固定资产，在租赁期开始日，按照租赁合同约定的付款总额和在签订租赁合同过程中发生的相关税费等：

借：固定资产——机器、机械和其他生产设备（××设备）
　　在建工程——××工程
　　贷：长期应付款——××单位

（2）以分期付款方式购入固定资产，应当按照实际支付的购买价款和相关税费（不包括按照税法规定可抵扣的增值税进项税额）：

借：固定资产——机器、机械和其他生产设备（××设备）
　　在建工程——××工程
　　应交税费——应交增值税（进项税额）
　　贷：长期应付款——××单位

第四章

所有者权益的核算

所有者权益，是指小企业资产扣除负债后由所有者享有的剩余权益。小企业的所有者权益包括：实收资本（或股本，下同）、资本公积、盈余公积和未分配利润。

第一节　所有者权益的内容

一、实收资本

实收资本，是指投资者按照合同协议约定或相关规定投入到小企业、构成小企业注册资本的部分。

1. 小企业收到投资者以现金或非货币性资产投入的资本，应当按照其在本企业注册资本中所占的份额计入实收资本，超出的部分，应当计入资本公积。

2. 投资者根据有关规定对小企业进行增资或减资，小企业应当增加或减少实收资本。

二、资本公积

资本公积，是指小企业收到的投资者出资额超过其在注册资本或股本中所占份额的部分。小企业用资本公积转增资本，应当冲减资本公积，但资本公积不得用于弥补亏损。

三、盈余公积

盈余公积，是指小企业按照法律规定在税后利润中提取的法定公积金和任意公积金。小企业用盈余公积弥补亏损或者转增资本，应当冲减盈余公积。小企业的盈余公积还可以用于扩大生产经营。

四、未分配利润

未分配利润，是指小企业实现的净利润，经过弥补亏损、提取法定公积金和任意公积金、向投资者分配利润后，留存在本企业的、历年结存的利润。

第二节 所有者权益的核算

一、实收资本的核算

实收资本科目核算小企业收到投资者按照合同协议约定或相关规定投入的、构成注册资本的部分，期末贷方余额，反映小企业实收资本总额。

小企业（股份有限公司）应当将本科目的名称改为“3001 股本”科目。

小企业收到投资者出资超过其在注册资本中所占份额的部分，作为资本溢价，在“资本公积”科目核算，不在本科目核算。

1. 本科目应按照投资者进行明细核算。

小企业（中外合作经营）根据合同规定在合作期间归还投资者的投资，应在本科目设置“已归还投资”明细科目进行核算。

2. 实收资本的主要账务处理。

（1）小企业收到投资者的出资时：

借：银行存款——人民币（××银行）

　　其他应收款——单位（××单位）

　　固定资产——机器、机械和其他生产设备（××设备）

无形资产——××无形资产

贷：实收资本——国家资本金（××单位）【在注册资本中所占的份额】

——法人资本金（××单位）【在注册资本中所占的份额】

——个人资本金（××个人）【在注册资本中所占的份额】

——外商资本金（××外商）【在注册资本中所占的份额】

资本公积——投资者出资超出其注册资本【差额】

（2）根据有关规定增加注册资本时：

借：银行存款——人民币（××银行）

资本公积——投资者出资超出其注册资本

盈余公积——法定盈余公积

——任意盈余公积

贷：实收资本——国家资本金（××单位）

——法人资本金（××单位）

——个人资本金（××个人）

——外商资本金（××外商）

（3）根据有关规定减少注册资本时：

借：实收资本——国家资本金（××单位）

——法人资本金（××单位）

——个人资本金（××个人）

——外商资本金（××外商）

资本公积——投资者出资超出其注册资本

贷：库存现金——人民币

银行存款——人民币（××银行）

（4）小企业（中外合作经营）根据合同规定在合作期间归还投资者的投资，应当按照实际归还投资的金额：

借：实收资本——已归还投资（××投资者）

贷：银行存款——人民币（××银行）

同时：

借：利润分配——利润归还投资

贷：盈余公积——利润归还投资

［案例 4-1］

甲公司以生产用 A 设备一套作为投资资本，投入乙公司（增值税一般纳税人），经资产评估，其价值为 113 000 元（含税），并按照 13% 税率开具了增值税专用发票。若该套设备原账面价为 150 000 元，乙公司收到 A 设备和增值税专用发票验收后，做会计分录如下：

借：固定资产——机器、机械和其他生产设备（A 设备）

100 000

应交税费——应交增值税（进项税额） 13 000

贷：实收资本——法人资本金（甲公司） 113 000

［案例 4-2］

张波以一项 A 专项技术作为投资资本，经资产评估，其价值为 1 200 000 元，做会计分录如下：

借：无形资产——A 专项技术 1 200 000

贷：实收资本——个人资本金（张波） 1 200 000

［案例 4-3］

张波投入生产物资 A 材料一批作为投资资本，经资产评估，其价值为 320 000 元，做会计分录如下：

借：原材料——A 材料 320 000

贷：实收资本——个人资本金（张波） 320 000

二、资本公积的核算

资本公积科目核算小企业收到投资者出资超出其在注册资本中所占份额的部分。

1. 资本公积的主要账务处理。

(1) 小企业收到投资者的出资时：

借：银行存款——人民币（××银行）

其他应收款——个人（××个人）

固定资产——机器、机械和其他生产设备（××设备）

无形资产——××无形资产

贷：实收资本——法人资本金（××单位）【在注册资本中所占的份额】

资本公积——投资者出资超出其注册资本【差额】

（2）根据有关规定用资本公积转增资本时：

借：资本公积——投资者出资超出其注册资本

贷：实收资本——法人资本金（××单位）

（3）根据有关规定减少注册资本时：

借：实收资本——法人资本金（××单位）

贷：库存现金——人民币

银行存款——人民币（××银行）

2. 本科目期末贷方余额，反映小企业资本公积总额。

三、盈余公积的核算

盈余公积科目核算小企业（公司制）按照公司法规定在税后利润中提取的法定公积金和任意公积金，期末贷方余额，反映小企业（公司制）的法定公积金和任意公积金总额，小企业（外商投资）的储备基金和企业发展基金总额。

小企业（外商投资）按照法律规定在税后利润中提取储备基金和企业发展基金也在本科目核算。

1. 盈余公积科目应当分别“法定盈余公积”“任意盈余公积”进行明细核算。

小企业（外商投资）还应当分别“储备基金”“企业发展基金”进行明细核算。

小企业（中外合作经营）根据合同规定在合作期间归还投资者的投资，应在本科目设置“利润归还投资”明细科目进行核算。

2. 盈余公积的主要账务处理。

（1）小企业（公司制）按照公司法规定提取法定公积金和任意公积金时：

借：利润分配——提取法定盈余公积

——提取任意盈余公积

贷：盈余公积——法定盈余公积

——任意盈余公积

(2) 小企业（外商投资）按照规定提取储备基金、企业发展基金、职工奖励及福利基金时：

借：利润分配——提取储备基金

——提取企业发展基金

——提取职工奖励及福利基金

贷：盈余公积——储备基金

——企业发展基金

——应付职工薪酬

(3) 小企业用盈余公积弥补亏损或者转增资本时：

借：盈余公积——法定盈余公积

——任意盈余公积

贷：利润分配——盈余公积补亏

实收资本——法人资本金（××单位）

(4) 小企业（中外合作经营）根据合同规定在合作期间归还投资者的投资，应当按照实际归还投资的金额：

借：实收资本——已归还投资（××投资者）

贷：银行存款——人民币（××银行）

同时：

借：利润分配——利润归还投资

贷：盈余公积——利润归还投资

第五章

收入的核算

收入，是指小企业在日常生产经营活动中形成的、会导致所有者权益增加、与所有者投入资本无关的经济利益的总流入。包括销售商品收入和提供劳务收入。

第一节　收入的内容

一、销售商品收入

销售商品收入，是指小企业销售商品（或产成品、材料，下同）取得的收入。通常，小企业应当在发出商品且收到货款或取得收款权利时，确认销售商品收入。

1. 销售商品采用托收承付方式的，在办妥托收手续时确认收入。

2. 销售商品采取预收款方式的，在发出商品时确认收入。

3. 销售商品采用分期收款方式的，在合同约定的收款日期确认收入。

4. 销售商品需要安装和检验的，在购买方接受商品以及安装和检验完毕时确认收入。安装程序比较简单的，可在发出商品时确认收入。

5. 销售商品采用支付手续费方式委托代销的，在收到代销清单时确认收入。

6. 销售商品以旧换新的，销售的商品作为商品销售处理，回收的商品作为购进商品处理。

7. 采取产品分成方式取得的收入，在分得产品之日按照产品的市场价格或评估价值确定销售商品收入金额。

小企业应当按照从购买方已收或应收的合同或协议价款，确定销售商品收入金额。销售商品涉及现金折扣的，应当按照扣除现金折扣前的金额确定销售商品收入金额。现金折扣应当在实际发生时，计入当期损益。销售商品涉及商业折扣的，应当按照扣除商业折扣后的金额确定销售商品收入金额。前款所称现金折扣，是指债权人为鼓励债务人在规定的期限内付款而向债务人提供的债务扣除。商业折扣，是指小企业为促进商品销售而在商品标价上给予的价格扣除。

小企业已经确认销售商品收入的售出商品发生的销售退回（不论属于本年度还是属于以前年度的销售），应当在发生时冲减当期销售商品收入。小企业已经确认销售商品收入的售出商品发生的销售折让，应当在发生时冲减当期销售商品收入。前款所称销售退回，是指小企业售出的商品由于质量、品种不符合要求等原因发生的退货。销售折让，是指小企业因售出商品的质量不合格等原因而在售价上给予的减让。

二、劳务的收入

小企业提供劳务的收入，是指小企业从事建筑安装、修理修配、交通运输、仓储租赁、邮电通信、咨询经纪、文化体育、科学研究、技术服务、教育培训、餐饮住宿、中介代理、卫生保健、社区务、旅游、娱乐、加工以及其他劳务服务活动取得的收入。

同一会计年度内开始并完成的劳务，应当在提供劳务交易完成且收到款项或取得收款权利时，确认提供劳务收入。提供劳务收入的金额为从接受劳务方已收或应收的合同或协议价款。劳务的开始和完成分属不同会计年度的，应当按照完工进度确认提供劳务收入。年度资产负债表日，按照提供劳务收入总额乘以完工进度扣除以前会计年度累计已确认提供劳务收入后的金额，确认本年度的提供劳务收入；同时，按照估计的提供劳务成本总额乘以完工进度扣除以前会计年度累计已确认营业成本后的金额，结转本年度营业成本。

小企业与其他企业签订的合同或协议包含销售商品和提供劳务时，销售商品部分和提供劳务部分能够区分且能够单独计量的，应当将销售商品的部分作为销售商品处理，将提供劳务的部分作为提供劳务处理。销售商品部分和提供劳务部分不能够区分，或虽能区分但不能够单独计量的，应当作为销售商品处理。

第二节　收入的核算

一、主营业务收入的核算

主营业务收入科目核算小企业确认的销售商品或提供劳务等主营业务的收入。

1. 主营业务收入科目应按照主营业务的种类进行明细核算。

2. 主营业务收入的主要账务处理。

（1）小企业销售商品或提供劳务实现的收入，系增值税一般纳税人应当按照实际收到或应收的金额：

借：银行存款——人民币（××银行）

　　应收账款——单位（××单位）

　　贷：主营业务收入——××收入

　　　　应交税费——应交增值税（销项税额）

（2）增值税小规模纳税人应当按照实际收到或应收的金额：

借：银行存款——人民币（××银行）

　　应收账款——单位（××单位）

　　贷：主营业务收入——××收入

　　　　应交税费——应交增值税

符合自2019年1月1日至2021年12月31日，对月销售额10万元以下（以1个季度为1个纳税期的，季度销售额30万元以下，含本数）的增值税小规模纳税人，免征增值税条件的小企业，月末将应交增值税贷方余额转入营业外收入：

借：应交税费——应交增值税

　　贷：营业外收入——增值税免税收入

[案例5－1]

甲公司系小规模纳税人，2019年1月销售给A公司商品和提供加工服务取得收入分别为 51 500 元、41 200 元存入 B 银行，合计销售额为 92 700（51 500 +412 000）元，未超过 10 万元免税标准，因此，该公司销售货物、服务取得的销售额 92 700 元，可享受小规模纳税人免税政策。

会计处理：

①取得收入时

借：银行存款——人民币（B 银行）　　92 700

　　贷：主营业务收入——商品销售收入　　50 000

　　　　其他业务收入——加工服务收入　　40 000

　　　　应交税费——应交增值税　　2 700

②月末结转增值税免税额

借：应交税费——应交增值税　　2 700

　　贷：营业外收入——增值税免税收入　　2 700

[案例 5-2]

乙企业系小规模纳税人，2019 年 1 月销售货物 4 万元，提供服务 3 万元，销售不动产 10 万元。合计销售额为 17（4 +3 +10）万元，剔除销售不动产后的销售额为 7（4 +3）万元，因此，该纳税人销售货物和服务相对应的销售额 7 万元可以享受小规模纳税人免税政策，销售不动产 10 万元应照章纳税。

（3）发生销货退回（不论属于本年度还是属于以前年度的销售），按照应冲减销售商品收入的金额：

借：主营业务收入——××收入

　　贷：银行存款——人民币（××银行）

　　　　应收账款——单位（××单位）

（4）涉及增值税销项税额的，还应进行相应的账务处理。

3. 月末，可将主营业务收入科目的余额转入“本年利润”科目，结转后主营业务收入科目应无余额。

二、其他业务收入的核算

其他业务收入科目核算小企业确认的除主营业务活动以外的其他日常生产经营活动实现的收入。包括：出租固定资产、出租无形资产、销售材料等实现的收入。

1. 其他业务收入科目应按照其他业务收入种类进行明细核算。

2. 其他业务收入的主要账务处理。

(1) 小企业确认其他业务收入时：

借：银行存款——人民币（××银行）

其他应收款——单位（××单位）

贷：其他业务收入——××收入

(2) 涉及增值税销项税额的，还应进行相应的账务处理。

(3) 月末，可将其他业务收入科目余额转入“本年利润”科目，结转后其他业务收入科目应无余额。

三、投资收益的核算

投资收益科目核算小企业确认的投资收益或投资损失。

1. 投资收益科目应按照投资项目进行明细核算。

2. 投资收益的主要账务处理。

(1) 对于短期股票投资、短期基金投资和长期股权投资，小企业应当按照被投资单位宣告分派的现金股利或利润中属于本企业的部分：

借：应收股利——××单位

贷：投资收益——××投资收益

(2) 在长期债券投资或短期债券投资持有期间，在债务人应付利息日，按照分期付息、一次还本的长期债券投资或短期债券投资的票面利率计算的利息收入：

借：应收利息——××投资者

贷：投资收益——××投资收益

(3) 按照一次还本付息的长期债券投资票面利率计算的利息收入：

借：长期债券投资——应计利息

贷：投资收益——××投资收益

在债务人应付利息日，按照应分摊的债券溢折价金额，借记或贷记本科目，贷记或借记“长期债券投资——溢折价”科目。

(4) 出售短期投资、处置长期股权投资和长期债券投资，应当按照实际收到的价款或收回的金额：

借：银行存款——人民币（××银行）

库存现金——人民币

投资收益——××投资收益【差额】

贷：短期投资——股票投资（××股票）【账面余额】

——债券投资（××债券）【账面余额】

——基金投资（××基金）【账面余额】

长期股权投资——××单位【账面余额】

长期债券投资——××债券（面值）【账面余额】

应收股利——××单位【尚未领取的现金股利或利润】

应收利息——××投资者【尚未领取的债券利息收入】

投资收益——××投资收益【差额】

（5）月末，可将投资收益科目余额转入“本年利润”科目，投资收益科目结转后应无余额。

四、营业外收入的核算

营业外收入科目核算小企业实现的各项营业外收入。包括：非流动资产处置净收益、政府补助、捐赠收益、盘盈收益、汇兑收益、出租包装物和商品的租金收入、逾期未退包装物押金收益、确实无法偿付的应付款项、已作坏账损失处理后又收回的应收款项、违约金收益等。

小企业收到出口产品或商品按照规定退回的增值税款，在“其他应收款”科目核算，不在营业外收入科目核算。

1. 营业外收入科目应按照营业外收入项目进行明细核算。

2. 营业外收入的主要账务处理。

（1）小企业确认非流动资产处置净收益，比照“固定资产清理”“无形资产”等科目的相关规定进行账务处理。

（2）确认的政府补助收入：

借：银行存款——人民币（××银行）

递延收益——××收益

贷：营业外收入——政府补助

（3）小企业按照规定实行企业所得税、增值税（不含出口退税）、消费税等先征后返的，应当在实际收到返还的企业所得税、增值税、消费税等时：

借：银行存款——人民币（××银行）

贷：营业外收入——税收返还

（4）确认的捐赠收益：

借：银行存款——人民币（××银行）

　　固定资产——机器、机械和其他生产设备（××设备）

　　　　　　——与生产经营有关的器具工具家具（××器具工具家具）

　　　　　　——运输工具（××运输工具）

　　　　　　——电子设备（××设备）

　　贷：营业外收入——捐赠收益

（5）确认的盘盈收益：

借：待处理财产损溢——待处理流动资产损溢

　　　　　　　　　——待处理非流动资产损溢

　　贷：营业外收入——盘盈收益

（6）确认的汇兑收益：

借：有关科目

　　贷：营业外收入——汇兑收益

（7）确认的出租包装物和商品的租金收入、逾期未退包装物押金收益、确实无法偿付的应付款项、违约金收益等：

借：其他应收款——单位（××单位）

　　应付账款——单位（××单位）

　　其他应付款——单位（××单位）

　　贷：营业外收入——租金收入

　　　　　　　　——逾期未退包装物押金收益

　　　　　　　　——确实无法偿付的应付款项

　　　　　　　　——违约金收益

（8）确认的已做坏账损失处理后又收回的应收款项：

借：银行存款——人民币（××银行）

　　贷：营业外收入——已做坏账损失处理后又收回的应收款项

（9）月末，可将营业外收入科目余额转入“本年利润”科目，结转后本科目应无余额。

第六章

费用的核算

费用，是指小企业在日常生产经营活动中发生的、会导致所有者权益减少、与向所有者分配利润无关的经济利益的总流出。小企业的费用包括：营业成本、营业税金及附加、销售费用、管理费用、财务费用等。

第一节 费用的内容

1. 营业成本，是指小企业所销售商品的成本和所提供劳务的成本。

2. 营业税金及附加，是指小企业开展日常生产经营活动应负担的消费税、城市维护建设税、资源税、土地增值税、城镇土地使用税、房产税、车船税、印花税、环境保护税和教育费附加、矿产资源补偿费、排污费等。

3. 销售费用，是指小企业在销售商品或提供劳务过程中发生的各种费用。包括：销售人员的职工薪酬、商品维修费、运输费、装卸费、包装费、保险费、广告费、业务宣传费、展览费等费用。小企业（批发业、零售业）在购买商品过程中发生的费用（包括：运输费、装卸费、包装费、保险费、运输途中的合理损耗和入库前的挑选整理费等）也构成销售费用。

4. 管理费用，是指小企业为组织和管理生产经营发生的其他费用。包括：小企业在筹建期间内发生的开办费、行政管理部门发生的费用（包括：固定资产折旧费、修理费、办公费、水电费、差旅费、管理人员的职工薪酬等）、业务招待费、研究费用、技术转让费、相关长期待摊费用摊销、财产保险费、聘请中介机构费、咨询费（含顾问费）、诉讼费等费用。

5. 财务费用，是指小企业为筹集生产经营所需资金发生的筹资费用。包括：利息费用（减利息收入）、汇兑损失、银行相关手续费、小企业给予的现金折扣（减享受的现金折扣）等费用。

通常，小企业的费用应当在发生时按照其发生额计入当期损益。小企业销售商品收入和提供劳务收入已予确认的，应当将已销售商品和已提供劳务的成本作为营业成本结转至当期损益。

第二节　费用的核算

一、主营业务成本的核算

主营业务成本科目核算小企业确认销售商品或提供劳务等主营业务收入应结转的成本。

1. 主营业务成本科目应按照主营业务的种类进行明细核算。

2. 主营业务成本的主要账务处理。

（1）月末，小企业可根据本月销售各种商品或提供各种劳务实际成本，计算应结转的主营业务成本：

借：主营业务成本——××成本

　　贷：库存商品——××商品（或产品）

　　　　生产成本——基本生产成本——××产品（直接材料）

　　　　　　　　　　　　　　　——××产品（直接人工）

　　　　　　　　　　　　　　　——××产品（制造费用）

　　　　　　　——辅助生产成本——××车间（直接材料）

　　　　　　　　　　　　　　　——××车间（直接人工）

　　　　　　　　　　　　　　　——××车间（制造费用）

　　　　工程施工——××项目——合同成本（直接材料）

　　　　　　　　　　　　　——合同成本（直接人工）

　　　　　　　　　　　　　——合同成本（制造费用）

（2）本月发生的销售退回，可以直接从本月的销售数量中减去，得出本月销售的净数量，然后计算应结转的主营业务成本，也可以单独计算本月销售退回成本：

借：库存商品——××商品（或产品）

　　贷：主营业务成本——××成本

（3）月末，可将主营业务成本科目的余额转入“本年利润”科目，结转后本科目应无余额。

二、其他业务成本的核算

其他业务成本科目核算小企业确认的除主营业务活动以外的其他日常生产经营活动所发生的支出。包括：销售材料的成本、出租固定资产的折旧费、出租无形资产的摊销额等。

1. 其他业务成本科目应按照其他业务成本的种类进行明细核算。

2. 其他业务成本的主要账务处理。

小企业发生的其他业务成本：

借：其他业务成本——××成本

　　贷：原材料——××材料

　　　　周转材料——××周转材料

　　　　累计折旧——房屋建筑物（××房屋建筑物）

　　　　　　　　——与生产经营有关的器具工具家具（××器具工具家具）

　　　　　　　　——机器机械和其他生产设备（××设备）

　　　　　　　　——运输工具（××运输工具）

　　　　　　　　——电子设备（××电子设备）

　　　　累计摊销——××无形资产

　　　　银行存款——人民币（××银行）

3. 月末，可将其他业务成本科目余额转入“本年利润”科目，结转后本科目应无余额。

三、营业税金及附加的核算

营业税金及附加科目核算小企业开展日常生产经营活动应负担的消费税、城市维护建设税、资源税、土地增值税、城镇土地使用税、房产税、车船税、印花税、环境保护税和教育费附加、矿产资源补偿费、排污费等相关税费。

与最终确认营业外收入或营业外支出相关的税费，在“固定资产清理”“无形资产”等科目核算，不在本科目核算。

1. 营业税金及附加科目应按照税费种类进行明细核算。

2. 营业税金及附加的主要账务处理。

（1）小企业按照规定计算确定的与其日常生产经营活动相关的税费：

借：营业税金及附加——附加税费

　　贷：应交税费——应交城市建设维护费

　　　　　　　　——应交教育费附加

　　　　　　　　——应交地方教育费附加

　　　　　　　　——应交地方水利基金

（2）月末，可将营业税金及附加科目余额转入“本年利润”科目，结转后本科目应无余额。

四、销售费用的核算

销售费用科目核算小企业在销售商品或提供劳务过程中发生的各种费用。包括：销售人员的职工薪酬、商品维修费、运输费、装卸费、包装费、保险费、广告费和业务宣传费、展览费等费用。

小企业（批发业、零售业）在购买商品过程中发生的费用（包括：运输费、装卸费、包装费、保险费、运输途中的合理损耗和入库前的挑选整理费等），也在本科目核算。

1. 销售费用科目应按照费用项目进行明细核算。

2. 销售费用的主要账务处理。

（1）小企业在销售商品或提供劳务过程中发生的销售人员的职工薪酬、商品维修费、运输费、装卸费、包装费、保险费、广告费、业务宣传费、展览费等费用：

借：销售费用——商品维修费

　　　　　　——运杂费

　　　　　　——广告费

　　　　　　——业务宣传费

　　　　　　——展览费

　　贷：库存现金——人民币

银行存款——人民币（××银行）

（2）小企业（批发业、零售业）在购买商品过程中发生的运输费、装卸费、包装费、保险费、运输途中的合理损耗和入库前的挑选整理费等：

借：销售费用——运杂费

贷：库存现金——人民币

银行存款——人民币（××银行）

应付账款——单位（××单位）

（3）月末，可将销售费用科目余额转入“本年利润”科目，结转后本科目应无余额。

五、管理费用的核算

管理费用科目核算小企业为组织和管理生产经营发生的其他费用。包括：小企业在筹建期间内发生的开办费、行政管理部门发生的费用（包括：固定资产折旧费、修理费、办公费、水电费、差旅费、管理人员的职工薪酬等）、业务招待费、研究费用、技术转让费、相关长期待摊费用摊销、财产保险费、聘请中介机构费、咨询费（含顾问费）、诉讼费等费用。

小企业（批发业、零售业）管理费用不多的，可不设置本科目，本科目的核算内容可并入“销售费用”科目核算。

1. 管理费用科目应按照费用项目进行明细核算。

2. 管理费用的主要账务处理。

（1）小企业在筹建期间内发生的开办费（包括：相关人员的职工薪酬、办公费、培训费、差旅费、印刷费、注册登记费以及不计入固定资产成本的借款费用等费用），在实际发生时：

借：管理费用——办公费

——差旅费

——培训费

贷：银行存款——人民币（××银行）

（2）行政管理部门人员的职工薪酬：

借：管理费用——工资

贷：应付职工薪酬——职工工资

（3）行政管理部门计提的固定资产折旧费和发生的修理费

借：管理费用——折旧费

　　贷：累计折旧——房屋建筑物（××房屋建筑物）

　　　　　　　　——与生产经营有关的器具工具家具（××器具工具家具）

　　　　　　　　——运输工具（××运输工具）

　　　　　　　　——电子设备（××电子设备）

　　　　银行存款——人民币（××银行）

（4）行政管理部门发生的办公费、水电费、差旅费：

借：管理费用——办公费

　　　　　　——水电费

　　　　　　——差旅费

　　贷：银行存款——人民币（××银行）

（5）小企业发生的业务招待费、相关长期待摊费用摊销、技术转让费、财产保险费、聘请中介机构费、咨询费（含顾问费）、诉讼费等：

借：管理费用——业务招待费

　　　　　　——财产保险费

　　　　　　——办公费

　　贷：银行存款——人民币（××银行）

　　　　长期待摊费用——××费用

（6）小企业自行研究无形资产发生的研究费用：

借：管理费用——研发费

　　贷：研发支出——××项目

（7）月末，可将管理费用科目的余额转入“本年利润”科目，结转后本科目应无余额。

六、财务费用的核算

财务费用科目核算小企业为筹集生产经营所需资金发生的筹资费用。包括：利息费用（减利息收入）、汇兑损失、银行相关手续费、小企业给予的现金折扣（减享受的现金折扣）等费用。

小企业为购建固定资产、无形资产和经过1年期以上的制造才能达到预定可销售状态的存货发生的借款费用，在“在建工程”“研发支出”“制造费用”等科目核算，不在本科目核算。

小企业发生的汇兑收益，在“营业外收入”科目核算，不在本科目核算。

1. 财务费用科目应按照费用项目进行明细核算。

2. 财务费用的主要账务处理。

（1）小企业发生的利息费用、汇兑损失、银行相关手续费、给予的现金折扣等：

借：财务费用——利息费用
——银行手续费
——汇兑损失
贷：应付利息——××金融机构
银行存款——人民币（××银行）

（2）持未到期的商业汇票向银行贴现：

借：银行存款——人民币（××银行）【实际收到的金额即减去贴现息后的净额】
财务费用——利息费用【贴现息】
贷：应收票据——单位（××单位）【商业汇票的票面金额】【银行无追索权情况下】
短期借款【银行有追索权情况下】

（3）发生的应冲减财务费用的利息收入、享受的现金折扣等：

借：银行存款——人民币（××银行）
贷：财务费用——利息费用

（4）月末，可将财务费用科目余额转入“本年利润”科目，结转后本科目应无余额。

七、营业外支出的核算

营业外支出科目核算小企业发生的各项营业外支出。包括：存货的盘亏、毁损、报废损失，非流动资产处置净损失，坏账损失，无法收回的长期债券投资损失，无法收回的长期股权投资损失，自然灾害等不可抗力因素造成的损失，税收滞纳金，罚金，罚款，被没收财物的损失，捐赠支出，赞助支出等。

1. 营业外支出科目应按照支出项目进行明细核算。

2. 营业外支出的主要账务处理。

（1）小企业确认存货的盘亏、毁损、报废损失，非流动资产处置净损失，自然灾害等不可抗力因素造成的损失：

借：营业外支出——存货盘亏、毁损、报废损失

　　　　　　——非流动资产处置净损失

　　　　　　——自然灾害损失

　　生产性生物资产累计折旧——未成熟生产性生物资产

　　　　　　　　　　　　——成熟生产性生物资产

　　累计摊销——××无形资产

　　贷：待处理财产损溢——待处理流动资产损溢（××资产）

　　　　　　　　　　——待处理非流动资产损溢（××资产）

　　　　固定资产清理——房屋建筑物（××房屋建筑物）

　　　　　　　　　　——机器机械和其他生产设备（××设备）

　　　　　　　　　　——与生产经营有关的器具工具家具（××器具工具家具）

　　　　　　　　　　——运输工具（××运输工具）

　　　　　　　　　　——电子设备（××电子设备）

　　　　生产性生物资产——未成熟生产性生物资产

　　　　　　　　　　——成熟生产性生物资产

　　　　无形资产——××无形资产

（2）根据小企业会计准则规定确认实际发生的坏账损失、长期债券投资损失，应当按照可收回的金额：

借：银行存款——人民币（××银行）

　　营业外支出——坏账损失【差额】

　　　　　　——无法收回的长期债券投资损失【差额】

　　贷：应收账款——单位（××单位）【账面余额】

　　　　预付账款——单位（××单位）【账面余额】

　　　　其他应收款——单位（××单位）【账面余额】

　　　　长期债券投资——××债券（面值）【账面余额】

　　　　　　　　　　——××债券（溢折价）【账面余额】

　　　　　　　　　　——××债券（应计利息）【账面余额】

（3）根据小企业会计准则规定确认实际发生的长期股权投资损失，按照

可收回的金额：

借：银行存款——人民币（××银行）

营业外支出——无法收回的长期股权投资损失【差额】

贷：长期股权投资——××单位【长期股权投资的账面余额】

（4）支付的税收滞纳金、罚金、罚款：

借：营业外支出——税收滞纳金、罚金、罚款

贷：银行存款——人民币（××银行）

（5）确认被没收财物的损失、捐赠支出、赞助支出：

借：营业外支出——被没收财物的损失

——捐赠支出

——赞助支出

贷：银行存款——人民币（××银行）

（6）月末，可将营业外支出科目余额转入“本年利润”科目，结转后本科目应无余额。

八、所得税费用的核算

所得税费用科目核算小企业根据企业所得税法确定的应从当期利润总额中扣除的所得税费用。小企业根据企业所得税法规定补交的所得税，也通过本科目核算。小企业按照规定实行企业所得税先征后返的，实际收到返还的企业所得税，在“营业外收入”科目核算，不在所得税费用科目核算。

1. 所得税费用的主要账务处理。

年度终了，小企业按照企业所得税法规定计算确定的当期应纳税税额

借：所得税费用——本年度所得税

贷：应交税费——应交企业所得税

2. 年度终了，应将所得税费用科目的余额转入“本年利润”科目，结转后本科目应无余额。

借：本年利润

贷：所得税费用——本年度所得税

第七章

利润及利润分配的核算

利润，是指小企业在一定会计期间的经营成果。包括：营业利润、利润总额和净利润。

第一节　利润及利润分配的内容

1. 营业利润，是指营业收入减去营业成本、营业税金及附加、销售费用、管理费用、财务费用，加上投资收益（或减去投资损失）后的金额。

前款所称营业收入，是指小企业销售商品和提供劳务实现的收入总额。投资收益，由小企业股权投资取得的现金股利（或利润）、债券投资取得的利息收入和处置股权投资和债券投资取得的处置价款扣除成本或账面余额、相关税费后的净额三部分构成。

2. 利润总额，是指营业利润加上营业外收入，减去营业外支出后的金额。

3. 净利润，是指利润总额减去所得税费用后的净额。

4. 营业外收入，是指小企业非日常生产经营活动形成的、应当计入当期损益、会导致所有者权益增加、与所有者投入资本无关的经济利益的净流入。

小企业的营业外收入包括：非流动资产处置净收益、政府补助、捐赠收益、盘盈收益、汇兑收益、出租包装物和商品的租金收入、逾期未退包装物押金收益、确实无法偿付的应付款项、已作坏账损失处理后又收回的应收款项、违约金收益等。通常，小企业的营业外收入应当在实现时按照其实现金额计入当期损益。

5. 政府补助，是指小企业从政府无偿取得货币性资产或非货币性资产，但不含政府作为小企业所有者投入的资本。

（1）小企业收到与资产相关的政府补助，应当确认为递延收益，并在相关资产的使用寿命内平均分配，计入营业外收入。收到的其他政府补助，用于补偿本企业以后期间的相关费用或亏损的，确认为递延收益，并在确认相关费用或发生亏损的期间，计入营业外收入；用于补偿本企业已发生的相关费用或亏损的，直接计入营业外收入。

（2）政府补助为货币性资产的，应当按照收到的金额计量。政府补助为非货币性资产的，政府提供了有关凭据的，应当按照凭据上标明的金额计量；政府没有提供有关凭据的，应当按照同类或类似资产的市场价格或评估价值计量。

（3）小企业按照规定实行企业所得税、增值税、消费税等先征后返的，应当在实际收到返还的企业所得税、增值税（不含出口退税）、消费税时，计入营业外收入。

6. 营业外支出，是指小企业非日常生产经营活动发生的、应当计入当期损益、会导致所有者权益减少、与向所有者分配利润无关的经济利益的净流出。

小企业的营业外支出包括：存货的盘亏、毁损、报废损失，非流动资产处置净损失，坏账损失，无法收回的长期债券投资损失，无法收回的长期股权投资损失，自然灾害等不可抗力因素造成的损失，税收滞纳金，罚金，罚款，被没收财物的损失，捐赠支出，赞助支出等。通常，小企业的营业外支出应当在发生时按照其发生额计入当期损益。

7. 小企业应当按照企业所得税法规定计算的当期应纳税额，确认所得税费用。小企业应当在利润总额的基础上，按照企业所得税法规定进行纳税调整，计算出当期应纳税所得额，按照应纳税所得额与适用所得税税率为基础计算确定当期应纳税额。

8. 小企业以当年净利润弥补以前年度亏损等剩余的税后利润，可用于向投资者进行分配。

小企业（公司制）在分配当年税后利润时，应当按照公司法的规定提取法定公积金和任意公积金。

第二节　利润及利润分配的核算

一、本年利润的核算

本年利润科目核算小企业当期实现的净利润（或发生的净亏损）。

1. 本年利润的主要账务处理。

（1）期（月）末结转利润时，小企业可以将“主营业务收入”“其他业务收入”“营业外收入”科目的余额，转入本科目：

借：主营业务收入——××收入

　　其他业务收入——××收入

　　营业外收入——非流动资产处置净收益

　　　　　　　——政府补助

　　　　　　　——捐赠收益

　　　　　　　——盘盈收益

　　　　　　　——汇兑收益

　　　　　　　——出租包装物和商品的租金收入

　　　　　　　——逾期未退包装物押金收益

　　　　　　　——确实无法偿付的应付款项

　　　　　　　——坏账收回款项

　　　　　　　——违约金收益

　　贷：本年利润

将“主营业务成本”“其他业务成本”“营业税金及附加”“销售费用”“管理费用”“财务费用”“营业外支出”“所得税费用”科目的余额，转入本科目：

借：本年利润

　　贷：主营业务成本——××成本

　　　　其他业务成本——××成本

　　　　营业税金及附加——附加税费

——印花税

——消费税

——资源税

——城镇土地使用税

——房产税

——车船税

——环境保护税

——矿产资源补偿费

——排污费

销售费用——工资

——福利费

——商品维修费

——运杂费

——广告费

——业务宣传费

——展览费

管理费用——工资

——福利费

——社保费

——办公费

——业务招待费

——水电费

——折旧费

——差旅费

——修理费

财务费用——利息费用

——银行手续费

——汇兑损益

营业外支出——存货的盘亏、毁损、报废损失

——非流动资产处置净损失

——坏账损失

——长期债券投资损失

——长期股权投资损失
——自然灾害损失
——税收滞纳金、罚金、罚款
——被没收财物的损失
——捐赠支出
——赞助支出
所得税费用——本年度所得税
——补缴以前年度所得税

将“投资收益”科目的贷方余额，转入本科目：

借：投资收益——××投资收益
　　贷：本年利润

如为借方余额

借：本年利润
　　贷：投资收益——××投资收益

结转后本科目的贷方余额为当期实现的净利润；借方余额为当期发生的净亏损。

（2）年度终了，应当将本年收入和支出相抵后结出的本年实现的净利润，转入“利润分配”科目。

借：本年利润
　　贷：利润分配——未分配利润

如为净亏损

借：利润分配——未分配利润
　　贷：本年利润

2. 结转后本年利润科目应无余额。

二、利润分配的核算

利润分配科目核算小企业利润的分配（或亏损的弥补）和历年分配（或弥补）后的余额，年末余额，反映小企业的未分配利润（或未弥补亏损）。

1. 本科目应按照“应付利润”“未分配利润”等进行明细核算。

2. 利润分配的主要账务处理。

（1）小企业根据有关规定分配给投资者的利润：

借：利润分配——应付利润

　　贷：应付利润——××投资者

（2）用盈余公积弥补亏损：

借：盈余公积——法定盈余公积

　　　　　　——任意盈余公积

　　贷：利润分配——盈余公积补亏

（3）小企业（中外合作经营）根据合同规定在合作期间归还投资者的投资，应按照实际归还投资的金额：

借：实收资本——已归还投资

　　贷：银行存款——人民币（××银行）

同时：

借：利润分配——利润归还投资

　　贷：盈余公积——利润归还投资

3. 年度终了，小企业应当将本年实现的净利润，自“本年利润”科目转入本科目，为净利润：

借：本年利润

　　贷：利润分配——未分配利润

为净亏损：

借：利润分配——未分配利润

　　贷：本年利润

同时，将“利润分配”科目所属明细科目（应付利润、盈余公积补亏）的余额转入本科目明细科目（未分配利润）：

借：利润分配——应付利润

　　　　　　——盈余公积补亏

　　贷：利润分配——未分配利润

结转后，利润分配科目除“未分配利润”明细科目外，其他明细科目应无余额。

第八章

成本的核算

第一节 生产成本（劳务成本）和制造费用的核算

一、生产成本的核算

生产成本科目核算小企业进行工业性生产发生的各项生产成本。包括生产各种产品（产成品、自制半成品等）、自制材料、自制工具、自制设备等，期末借方余额，反映小企业尚未加工完成的在产品成本。

小企业对外提供劳务发生的成本，可将本科目改为“4001 劳务成本”科目，或单独设置“4002 劳务成本”科目进行核算。

1. 本科目可按照基本生产成本和辅助生产成本进行明细核算。

2. 生产成本的主要账务处理。

（1）小企业发生的各项直接生产成本：

借：生产成本——基本生产成本——××产品（直接材料）

——××产品（直接人工）

——××产品（制造费用）

——辅助生产成本——××车间（直接材料）

——××车间（直接人工）

——××车间（制造费用）

贷：原材料——××材料

库存现金——人民币

银行存款——人民币（××银行）
应付职工薪酬——职工工资
——奖金
——津贴补贴
——职工福利费
——非货币性福利

（2）各生产车间应负担的制造费用：

借：生产成本——基本生产成本——××产品（制造费用）
——辅助生产成本——××车间（制造费用）
贷：制造费用——××车间（工资）
——××车间（福利费）
——××车间（办公费）
——××车间（折旧费）
——××车间（修理费）
——××车间（机物料消耗）
——××车间（停工损失）

（3）辅助生产车间为基本生产车间、管理部门和其他部门提供的劳务和产品，可在月末按照一定的分配标准分配给各受益对象：

借：生产成本——基本生产成本——××产品（直接材料）
——××产品（直接人工）
——××产品（制造费用）
销售费用——工资
——福利费
管理费用——工资
——福利费
其他业务成本——××成本
在建工程——××工程
贷：生产成本——辅助生产成本

也可在提供相关劳务和产品时：

借：生产成本——基本生产成本
销售费用——工资
——福利费

管理费用——工资

——福利费

其他业务成本——××成本

在建工程——××工程

贷：原材料——××材料

库存现金——人民币

银行存款——人民币（××银行）

应付职工薪酬——职工工资

——职工福利费

（4）小企业已经生产完成并已验收入库的产成品以及入库的自制半成品，可在月末：

借：库存商品——××商品（或产品）

贷：生产成本——基本生产成本

二、劳务成本的核算

劳务成本是核算小企业对外提供劳务而发生的各项成本，如小企业从事建筑安装、修理修配、交通运输、仓储租赁、邮电通信、咨询经纪、文化体育、科学研究、技术服务、教育培训、餐饮住宿、中介代理、卫生保健、社区务、旅游、娱乐、加工以及其他劳务服务活动发生的成本。

1. 劳务成本科目可按提供劳务的项目进行明细核算。

2. 劳务成本的主要账务处理。

（1）小企业发生的各项劳务成本：

借：劳务成本——××项目成本（直接材料）

（直接人工）

（制造费用）

贷：银行存款——人民币（××银行）

应付职工薪酬——职工工资

——职工福利费

原材料——××材料

（2）对外单位、专项工程等提供机械作业（包括运输设备）的成本：

借：劳务成本——××项目成本（制造费用）

贷：机械作业——××设备（直接材料）

——××设备（直接人工）

——××设备（制造费用）

（3）结转劳务的成本：

借：主营业务成本——××成本

其他业务成本——××成本

贷：劳务成本——××项目成本（直接材料）

——××项目成本（直接人工）

——××项目成本（制造费用）

3. 本科目期末借方余额，反映企业尚未完成或尚未结转的劳务成本。

[案例 8-1]

甲企业 2018 年 3 月对外提供 ZH 项目的劳务成本 80 000 元，其中耗用 A 材料30 000 元、人工费 40 000 元和以 B 银行存款支付水电费等费用 10 000 元，该公司账务处理如下：

借：劳务成本——ZH 项目成本（直接材料）　30 000

（直接人工）　40 000

（制造费用）　10 000

贷：原材料——A 材料　30 000

应付职工薪酬——职工工资　40 000

银行存款——人民币（B 银行）　10 000

[案例 8-2]

乙公司于年度内承接了丙单位一项 A 设备安装项目，该安装项目可一次完成，合同总价款 11 300 元（含税），增值税税率 13%，实际发生安装成本 7 000 元，其中人工费 4 000 元，材料费 2 000 元和其他费用 1 000 元以 B 银行存款支付。乙公司假定安装业务属于主营业务，应在安装完成时做如下会计分录：

借：劳务成本——A 设备安装项目成本（直接材料）　2 000

（直接人工）　4 000

（制造费用）　1 000

贷：应付职工薪酬——职工工资　4 000

银行存款——人民币（B 银行）　3 000

安装完成确认所提供劳务的收入并结转该项劳务总成本时：

借：应收账款——丙单位　　11 300
　　贷：主营业务收入——设备安装收入　　10 000
　　　　应交税费——应交增值税（销项税额）　　1 300
借：主营业务成本——设备安装成本　　7 000
　　贷：劳务成本——××项目成本（直接材料）　　2 000
　　　　　　　　　　　　　　　（直接人工）　　4 000
　　　　　　　　　　　　　　　（制造费用）　　1 000

三、制造费用的核算

制造费用科目核算小企业生产车间（部门）为生产产品和提供劳务而发生的各项间接费用。小企业经过 1 年期以上的制造才能达到预定可销售状态的产品发生的借款费用，也在本科目核算。小企业行政管理部门为组织和管理生产经营活动而发生的管理费用，在“管理费用”科目核算，不在本科目核算。

1. 本科目应按照不同的生产车间、部门和费用项目进行明细核算。

2. 制造费用的主要账务处理。

（1）生产车间发生的机物料消耗和固定资产修理费：

借：制造费用——××车间（机物料消耗）
　　贷：原材料——××材料
　　　　银行存款——人民币（××银行）

（2）发生的生产车间管理人员的工资等职工薪酬：

借：制造费用——××车间（工资）
　　　　　　——××车间（福利费）
　　贷：应付职工薪酬——职工工资
　　　　　　　　　　——职工福利费

（3）生产车间计提的固定资产折旧费：

借：制造费用——××车间（折旧费）
　　贷：累计折旧——房屋建筑物（××房屋建筑物）
　　　　　　　　——与生产经营有关的器具工具家具（××器具工具家具）
　　　　　　　　——机器机械和其他生产设备（××设备）

——运输工具（××运输工具）

——电子设备（××电子设备）

（4）生产车间支付的办公费、水电费等：

借：制造费用——××车间（办公费）

——××车间（水电费）

贷：银行存款——人民币（××银行）

应付利息——××金融机构

（5）发生季节性和修理期间的停工损失：

借：制造费用——××车间（停工损失）

贷：原材料——××材料

应付职工薪酬——职工工资

——职工福利费

银行存款——人民币（××银行）

（6）小企业经过1年期以上的制造才能达到预定可销售状态的产品在制造完成之前发生的借款利息，在应付利息日根据借款合同利率计算确定的利息费用：

借：制造费用——××车间（利息费用）

贷：应付利息——××金融机构

制造完成之后发生的利息费用：

借：财务费用——利息费用

贷：应付利息——××金融机构

（7）将制造费用分配计入有关的成本核算对象：

借：生产成本——基本生产成本——××产品（直接材料）

——××产品（直接人工）

——××产品（制造费用）

——辅助生产成本——××车间（直接材料）

——××车间（直接人工）

——××车间（制造费用）

贷：制造费用——××车间（工资）

——××车间（福利费）

——××车间（办公费）

——××车间（折旧费）

——××车间（修理费）

——××车间（机物料消耗）

——××车间（停工损失）

（8）季节性生产小企业制造费用全年实际发生额与分配额的差额，除其中属于为下一年开工生产做准备的可留待下一年分配外，其余部分实际发生额大于分配额的差额：

借：生产成本——基本生产成本——××产品（直接材料）

——××产品（直接人工）

——××产品（制造费用）

——辅助生产成本——××车间（直接材料）

——××车间（直接人工）

——××车间（制造费用）

贷：制造费用——××车间（工资）

——××车间（福利费）

——××车间（办公费）

——××车间（折旧费）

——××车间（修理费）

——××车间（机物料消耗）

——××车间（停工损失）

实际发生额小于分配额的差额，做相反的会计分录。

3. 除季节性的生产性小企业外，本科目期末应无余额。

第二节　研发支出、工程施工和机械作业的核算

一、研发支出的核算

研发支出科目核算小企业进行研究与开发无形资产过程中发生的各项支出，期末借方余额，反映小企业正在进行的无形资产开发项目满足资本化条件的支出。

1. 本科目应按照研究开发项目，分别“费用化支出”“资本化支出”进行明细核算。

2. 研发支出的主要账务处理。

(1) 小企业自行研究开发无形资产发生的研发支出，不满足资本化条件的，借记本科目（费用化支出），满足资本化条件的：

借：研发支出——××项目——费用化支出（××支出）
　　贷：原材料——××材料
　　　　银行存款——人民币（××银行）
　　　　应付职工薪酬——职工工资
　　　　　　　　　　——职工福利费
　　　　应付利息——××投资者（或××金融机构）

满足资本化条件的

借：研发支出——××项目——资本化支出（××支出）
　　贷：原材料——××材料
　　　　银行存款——人民币（××银行）
　　　　应付职工薪酬——职工工资
　　　　　　　　　　——职工福利费
　　　　应付利息——××投资者（或××金融机构）

(2) 研究开发项目达到预定用途形成无形资产的，应按研发支出科目（资本化支出）的余额：

借：无形资产——××无形资产
　　贷：研发支出——资本化支出

月末，应将本科目归集的费用化支出金额转入“管理费用”科目。

借：管理费用——研发费用
　　贷：研发支出——××项目——费用化支出（××支出）

二、工程施工的核算

工程施工科目核算小企业（建筑业）实际发生的各种工程成本，期末借方余额，反映小企业尚未完工的建造合同成本和合同毛利。

1. 本科目应按照建造合同项目分别“合同成本”和“间接费用”进行明细核算。

2. 工程施工的主要账务处理。

(1) 小企业进行合同建造时发生的人工费、材料费、机械使用费以及施工现场材料的二次搬运费、生产工具和用具使用费、检验试验费、临时设施折旧费等其他直接费用:

借: 工程施工——××项目——合同成本(直接材料)
——合同成本(直接人工)
——合同成本(制造费用)

贷: 应付职工薪酬——职工工资
——职工福利费
原材料——××材料

发生的施工、生产单位管理人员职工薪酬、财产保险费、工程保修费、固定资产折旧费等间接费用

借: 工程施工——××项目——间接费用(职工薪酬)
——间接费用(财产保险费)
——间接费用(工程保修费)
——间接费用(固定资产折旧费)

贷: 累计折旧——房屋建筑物(××房屋建筑物)
——与生产经营有关的器具工具家具(××器具工具家具)
——机器机械和其他生产设备(××设备)
——运输工具(××运输工具)
——电子设备(××电子设备)
银行存款——人民币(××银行)

期(月)末,将间接费用分配计入有关合同成本

借: 工程施工——××项目——合同成本(直接材料)
——合同成本(直接人工)
——合同成本(制造费用)

贷: 工程施工——××项目——间接费用(职工薪酬)
——间接费用(财产保险费)
——间接费用(工程保修费)
——间接费用(固定资产折旧费)

(2) 确认合同收入和合同费用时:

借：应收账款——单位（××单位）
　　预收账款——单位（××单位）
　　贷：主营业务收入——××收入

按照应结转的合同成本

借：主营业务成本——××成本
　　贷：工程施工——××项目——合同成本（直接材料）
　　　　　　　　　　　　　　——合同成本（直接人工）
　　　　　　　　　　　　　　——合同成本（制造费用）

三、机械作业的核算

机械作业科目核算小企业（建筑业）及其内部独立核算的施工单位、机械站和运输队使用自有施工机械和运输设备进行机械作业（含机械化施工和运输作业等）所发生的各项费用，期末应无余额。

小企业及其内部独立核算的施工单位，从外单位或本企业其他内部独立核算的机械站租入施工机械发生的机械租赁费，在“工程施工”科目核算，不在本科目核算。

1. 本科目应按照施工机械或运输设备的种类等进行明细核算。

小企业内部独立核算的机械施工、运输单位使用自有施工机械或运输设备进行机械作业所发生的各项费用，应按照成本核算对象和成本项目进行归集。

成本项目一般分为：职工薪酬、燃料及动力费、折旧及修理费、其他直接费用、间接费用（为组织和管理机械作业生产所发生的费用）。

2. 机械作业的主要账务处理。

（1）小企业发生的机械作业支出：

借：机械作业——××设备（直接材料）
　　　　　　——××设备（直接人工）
　　　　　　——××设备（制造费用）
　　贷：原材料——××材料
　　　　应付职工薪酬——职工工资
　　　　　　　　　　——奖金
　　　　　　　　　　——津贴和补贴

——职工福利费

——社会保险费

——非货币性福利

累计折旧——房屋建筑物（××房屋建筑物）

——与生产经营有关的器具工具家具（××器具工具家具）

——机器机械和其他生产设备（××设备）

——运输工具（××运输工具）

——电子设备（××电子设备）

（2）期（月）末，小企业及其内部独立核算的施工单位、机械站和运输队为本企业承包的工程进行机械化施工和运输作业的成本，应转入承包工程的成本

借：工程施工——××项目——合同成本（直接材料）

——合同成本（直接人工）

——合同成本（制造费用）

贷：机械作业——××设备（直接材料）

——××设备（直接人工）

——××设备（制造费用）

（3）对外单位、专项工程等提供机械作业（含运输设备）的成本

借：生产成本——基本生产成本——××产品（直接材料）

——××产品（直接人工）

——××产品（制造费用）

——辅助生产成本——××车间（直接材料）

——××车间（直接人工）

——××车间（制造费用）

劳务成本——××项目成本（直接材料）

——××项目成本（直接人工）

——××项目成本（制造费用）

贷：机械作业——××设备（直接材料）

——××设备（直接人工）

——××设备（制造费用）

第九章

外币业务的核算

第一节　小企业的外币业务

小企业的外币业务由外币交易和外币财务报表折算构成。

1. 外币交易，是指小企业以外币计价或者结算的交易。

小企业的外币交易包括：买入或者卖出以外币计价的商品或者劳务、借入或者借出外币资金和其他以外币计价或者结算的交易。外币，是指小企业记账本位币以外的货币。记账本位币，是指小企业经营所处的主要经济环境中的货币。

2. 小企业应当选择人民币作为记账本位币。业务收支以人民币以外的货币为主的小企业，可以选定其中一种货币作为记账本位币，但编报的财务报表应当折算为人民币财务报表。小企业记账本位币一经确定，不得随意变更，但小企业经营所处的主要经济环境发生重大变化除外。

小企业因经营所处的主要经济环境发生重大变化，确需变更记账本位币的，应当采用变更当日的即期汇率将所有项目折算为变更后的记账本位币。前款所称即期汇率，是指中国人民银行公布的当日人民币外汇牌价的中间价。

3. 小企业对于发生的外币交易，应当将外币金额折算为记账本位币金额。外币交易在初始确认时，采用交易发生日的即期汇率将外币金额折算为记账本位币金额；也可以采用交易当期平均汇率折算。小企业收到投资者以外币投入的资本，应当采用交易发生日即期汇率折算，不得采用合同约定汇率和交易当期平均汇率折算。

4. 小企业在资产负债表日，应当按照下列规定对外币货币性项目和外币非货币性项目进行会计处理：

（1）外币货币性项目，采用资产负债表日的即期汇率折算。因资产负债表日即期汇率与初始确认时或者前一资产负债表日即期汇率不同而产生的汇兑差额，计入当期损益。

（2）以历史成本计量的外币非货币性项目，仍采用交易发生日的即期汇率折算，不改变其记账本位币金额。前款所称货币性项目，是指小企业持有的货币资金和将以固定或可确定的金额收取的资产或者偿付的负债。货币性项目分为货币性资产和货币性负债。货币性资产包括：库存现金、银行存款、应收账款、其他应收款等；货币性负债包括：短期借款、应付账款、其他应付款、长期借款、长期应付款等。非货币性项目，是指货币性项目以外的项目。包括：存货、长期股权投资、固定资产、无形资产等。

5. 小企业对外币财务报表进行折算时，应当采用资产负债表日的即期汇率对外币资产负债表、利润表和现金流量表的所有项目进行折算。

第二节　小企业的外币业务的核算

小企业发生外币业务时，应将有关外币金额折合为记账本位币金额记账。除另有规定外，所有与外币业务有关的账户，应当采用业务发生时的汇率或业务发生当期期初的汇率折合。

（1）小企业发生外币兑换业务，如为购入外币时：

借：银行存款——××外币（××银行）【取得的外币按当日或期初市场汇率折合的记账本位币金额】

　　财务费用——汇兑损失【差额】

　　贷：银行存款——人民币（××银行）【实际支付的记账本位币金额】

　　　　财务费用——汇兑损失【差额】

（2）小企业发生外币兑换业务，如为卖出外币时：

借：银行存款——××外币（××银行）【收到外币当日的汇率折合的记账本位币金额】

　　资本公积——外币资本折算差额【差额】

贷：实收资本——外商资本金（××外商）【按合同约定汇率折合的记账本位币金额】

资本公积——外币资本折算差额【差额】

合同没有约定汇率的：

借：银行存款——××外币（××银行）【收到出资额当日的汇率折合的记账本位币金额】

贷：实收资本——外商资本金（××外商）

[案例 9-1]

甲公司以人民币作为记账本位币，其外币交易在初始确认时采用交易日即期汇率折算。2018 年度甲公司发生的有关外币交易或事项如下：

①以人民币向 A 银行买入 200 000 欧元。当日即期汇率为 1 欧元兑换 9.69 人民币元，当日银行卖出价为 1 欧元兑换 9.75 人民币元。

②从国外乙公司购入一批原材料，总价款为 400 000 欧元。该原材料已验收入库，货款尚未支付。当日即期汇率为 1 欧元兑换 9.64 人民币元。另外，以银行存款支付该原材料的进口关税 644 000 人民币元，增值税 765 000 人民币元。

③出口销售给丙公司一批商品，销售价款为 600 000 欧元，货款尚未收到。当日即期汇率为 1 欧元兑换 9.41 人民币元。假设不考虑相关税费。

④收到应收账款 300 000 欧元，款项已存入 A 银行。当日即期汇率为 1 欧元兑换 9.54 人民币元。

甲公司应编制如下会计分录：

①借：银行存款——欧元（A 银行）【200 000 ×9.69】1 938 000

财务费用——汇兑损益 12 000

贷：银行存款——人民币（A 银行）

【200 000 ×9.75】1 950 000

②借：原材料——××材料

【400 000 ×9.64 +644 000】4 500 000

应交税费——应交增值税（进项税额） 765 000

贷：应付账款——乙公司（欧元）

【400 000 ×9.64】）3 856 000

银行存款——人民币（A 银行） 1 409 000

③借：应收账款——丙公司（欧元）

【600 000 ×9.41】5 646 000

贷：主营业务收入——商品销售收入　　5 646 000

④借：银行存款——欧元（A 银行）

【300 000 ×9.54】　2 862 000

贷：应收账款——丙公司（欧元）

【300 000 ×9.54】　2 862 000

第十章

财务报表的编制

财务报表，是指对小企业财务状况、经营成果和现金流量的结构性表述。小企业的财务报表至少应当包括资产负债表、利润表、现金流量表、附注等组成部分。

第一节　财务报表的内容

一、资产负债表，是指反映小企业在某一特定日期的财务状况的报表。

1. 资产负债表中的资产类至少应当单独列示反映下列信息的项目：

（1）货币资金；

（2）应收及预付款项；

（3）存货；

（4）长期债券投资；

（5）长期股权投资；

（6）固定资产；

（7）生产性生物资产；

（8）无形资产；

（9）长期待摊费用。

2. 资产负债表中的负债类至少应当单独列示反映下列信息的项目：

（1）短期借款；

（2）应付及预收款项；

（3）应付职工薪酬；

（4）应交税费；

（5）应付利息；

（6）长期借款；

（7）长期应付款。

3. 资产负债表中的所有者权益类至少应当单独列示反映下列信息的项目：

（1）实收资本；

（2）资本公积；

（3）盈余公积；

（4）未分配利润。

4. 资产负债表中的资产类应当包括流动资产和非流动资产的合计项目；负债类应当包括流动负债、非流动负债和负债的合计项目；所有者权益类应当包括所有者权益的合计项目。资产负债表应当列示资产总计项目，负债和所有者权益总计项目。

二、利润表，是指反映小企业在一定会计期间的经营成果的报表。

费用应当按照功能分类，分为营业成本、营业税金及附加、销售费用、管理费用和财务费用等。利润表至少应当单独列示反映下列信息的项目：

1. 营业收入；

2. 营业成本；

3. 营业税金及附加；

4. 销售费用；

5. 管理费用；

6. 财务费用；

7. 所得税费用；

8. 净利润。

三、现金流量表，是指反映小企业在一定会计期间现金流入和流出情况的报表。

现金流量表应当分经营活动、投资活动和筹资活动列报现金流量。现金流量应当分别按照现金流入和现金流出总额列报。

前款所称现金，是指小企业的库存现金以及可以随时用于支付的存款和其他货币资金。

1. 经营活动，是指小企业投资活动和筹资活动以外的所有交易和事项。

小企业经营活动产生的现金流量应当单独列示反映下列信息的项目：

（1）销售产成品、商品、提供劳务收到的现金；

（2）购买原材料、商品、接受劳务支付的现金；

（3）支付的职工薪酬；

（4）支付的税费。

2. 投资活动，是指小企业固定资产、无形资产、其他非流动资产的购建和短期投资、长期债券投资、长期股权投资及其处置活动。

小企业投资活动产生的现金流量应当单独列示反映下列信息的项目：

（1）收回短期投资、长期债券投资和长期股权投资收到的现金；

（2）取得投资收益收到的现金；

（3）处置固定资产、无形资产和其他非流动资产收回的现金净额；

（4）短期投资、长期债券投资和长期股权投资支付的现金；

（5）购建固定资产、无形资产和其他非流动资产支付的现金。

3. 筹资活动，是指导致小企业资本及债务规模和构成发生变化的活动。小企业筹资活动产生的现金流量应当单独列示反映下列信息的项目：

（1）取得借款收到的现金；

（2）吸收投资者投资收到的现金；

（3）偿还借款本金支付的现金；

（4）偿还借款利息支付的现金；

（5）分配利润支付的现金。

四、附注，是指对在资产负债表、利润表和现金流量表等报表中列示项目的文字描述或明细资料，以及对未能在这些报表中列示项目的说明等。

附注应当按照下列顺序披露：

1. 遵循小企业会计准则的声明。

2. 短期投资、应收账款、存货、固定资产项目的说明。

3. 应付职工薪酬、应交税费项目的说明。

4. 利润分配的说明。

5. 用于对外担保的资产名称、账面余额及形成的原因；未决诉讼、未决仲裁以及对外提供担保所涉及的金额。

6. 发生严重亏损的，应当披露持续经营的计划、未来经营的方案。

7. 对已在资产负债表和利润表中列示项目与企业所得税法规定存在差异的纳税调整过程。

8. 其他需要在附注中说明的事项。

小企业应当根据实际发生的交易和事项，进行确认和计量，在此基础上按月或者按季编制财务报表。

小企业对会计政策变更、会计估计变更和会计差错更正应当采用未来适用法进行会计处理。前款所称会计政策，是指小企业在会计确认、计量和报告中所采用的原则、基础和会计处理方法。会计估计变更，是指由于资产和负债的当前状况及预期经济利益和义务发生了变化，从而对资产或负债的账面价值或者资产的定期消耗金额进行调整。前期差错包括：计算错误、应用会计政策错误、应用会计估计错误等。未来适用法，是指将变更后的会计政策和会计估计应用于变更日及以后发生的交易或者事项，或者在会计差错发生或发现的当期更正差错的方法。

第二节 财务报表的编制

小企业的财务报表包括资产负债表、利润表、现金流量表和附注。

（一）财务报表种类和格式（见下表）

财务报表种类和格式

编 号	报表名称	编报期
会小企 01 表	资产负债表	月报、年报
会小企 02 表	利润表	月报、年报
会小企 03 表	现金流量表	月报、年报

（二）小企业资产负债表格式及编制（见下表）

资产负债表

会小企01

编制单位：　　　　　　　　　　年　月　日　　　　　　　　　　单位：元

资 产	行次	期末余额	年初余额	负债和所有者权益	行次	期末余额	年初余额
流动资产：				流动负债：			
货币资金	1			短期借款	31		
短期投资	2			应付票据	32		
应收票据	3			应付账款	33		
应收账款	4			预收账款	34		
预付账款	5			应付职工薪酬	35		
应收股利	6			应交税费	36		
应收利息	7			应付利息	37		
其他应收款	8			应付利润	38		
存货	9			其他应付款	39		
其中：原材料	10			其他流动负债	40		
在产品	11			流动负债合计	41		
库存商品	12			非流动负债：			
周转材料	13			长期借款	42		
其他流动资产	14			长期应付款	43		
流动资产合计	15			递延收益	44		
非流动资产：				其他非流动负债	45		
长期债券投资	16			非流动负债合计	46		
长期股权投资	17			负债合计	47		
固定资产原价	18						
减：累计折旧	19						
固定资产账面价值	20						
在建工程	21						
工程物资	22						
固定资产清理	23						
生产性生物资产	24			所有者权益（或股东权益）：			
无形资产	25			实收资本（或股本）	48		
开发支出	26			资本公积	49		
长期待摊费用	27			盈余公积	50		
其他非流动资产	28			未分配利润	51		
非流动资产合计	29			所有者权益（或股东权益）合计	52		
资产总计	30			负债和所有者权益（或股东权益）总计	53		

小企业（中外合作经营）根据合同规定在合作期间归还投资者的投资，应在“实收资本（或股本）”项目下增加“减：已归还投资”项目单独列示。

1. 本表反映小企业某一特定日期全部资产、负债和所有者权益的情况。

2. 本表“年初余额”栏内各项数字，应根据上年末资产负债表“期末余额”栏内所列数字填列。

3. 本表“期末余额”各项目的内容和填列方法：

（1）“货币资金”项目，反映小企业库存现金、银行存款、其他货币资金的合计数。本项目应根据“库存现金”“银行存款”和“其他货币资金”科目的期末余额合计填列。

（2）“短期投资”项目，反映小企业购入的能随时变现并且持有时间不准备超过1年的股票、债券和基金投资的余额。本项目应根据“短期投资”科目的期末余额填列。

（3）“应收票据”项目，反映小企业收到的未到期收款也未向银行贴现的应收票据（银行承兑汇票和商业承兑汇票）。本项目应根据“应收票据”科目的期末余额填列。

（4）“应收账款”项目，反映小企业因销售商品、提供劳务等日常生产经营活动应收取的款项。本项目应根据“应收账款”的期末余额分析填列。如“应收账款”科目期末为贷方余额，应当在“预收账款”项目列示。

（5）“预付账款”项目，反映小企业按照合同规定预付的款项。包括：根据合同规定预付的购货款、租金、工程款等。本项目应根据“预付账款”科目的期末借方余额填列；如“预付账款”科目期末为贷方余额，应当在“应付账款”项目列示。

属于超过1年期以上的预付账款的借方余额应当在“其他非流动资产”项目列示。

（6）“应收股利”项目，反映小企业应收取的现金股利或利润。本项目应根据“应收股利”科目的期末余额填列。

（7）“应收利息”项目，反映小企业债券投资应收取的利息。小企业购入一次还本付息债券应收的利息，不包括在本项目内。本项目应根据“应收利息”科目的期末余额填列。

（8）“其他应收款”项目，反映小企业除应收票据、应收账款、预付账款、应收股利、应收利息等以外的其他各种应收及暂付款项。包括：各种应收的赔款、应向职工收取的各种垫付款项等。本项目应根据“其他应收款”

科目的期末余额填列。

(9)“存货”项目，反映小企业期末在库、在途和在加工中的各项存货的成本。包括：各种原材料、在产品、半成品、产成品、商品、周转材料(包装物、低值易耗品等)、消耗性生物资产等。本项目应根据“材料采购”“在途物资”“原材料”“材料成本差异”“生产成本”“库存商品”“商品进销差价”“委托加工物资”“周转材料”“消耗性生物资产”等科目的期末余额分析填列。

(10)“其他流动资产”项目，反映小企业除以上流动资产项目外的其他流动资产（含1年内到期的非流动资产)。本项目应根据有关科目的期末余额分析填列。

(11)“长期债券投资”项目，反映小企业准备长期持有的债券投资的本息。本项目应根据“长期债券投资”科目的期末余额分析填列。

(12)“长期股权投资”项目，反映小企业准备长期持有的权益性投资的成本。本项目应根据“长期股权投资”科目的期末余额填列。

(13)“固定资产原价”和“累计折旧”项目，反映小企业固定资产的原价（成本）及累计折旧。这两个项目应根据“固定资产”科目和“累计折旧”科目的期末余额填列。

(14)“固定资产账面价值”项目，反映小企业固定资产原价扣除累计折旧后的余额。本项目应根据“固定资产”科目的期末余额减去“累计折旧”科目的期末余额后的金额填列。

(15)“在建工程”项目，反映小企业尚未完工或虽已完工，但尚未办理竣工决算的工程成本。本项目应根据“在建工程”科目的期末余额填列。

(16)“工程物资”项目，反映小企业为在建工程准备的各种物资的成本。本项目应根据“工程物资”科目的期末余额填列。

(17)“固定资产清理”项目，反映小企业因出售、报废、毁损、对外投资等原因处置固定资产所转出的固定资产账面价值以及在清理过程中发生的费用等。本项目应根据“固定资产清理”科目的期末借方余额填列；如“固定资产清理”科目期末为贷方余额，以“-”号填列。

(18)“生产性生物资产”项目，反映小企业生产性生物资产的账面价值。本项目应根据“生产性生物资产”科目的期末余额减去“生产性生物资产累计折旧”科目的期末余额后的金额填列。

(19)“无形资产”项目，反映小企业无形资产的账面价值。本项目应根据“无形资产”科目的期末余额减去“累计摊销”科目的期末余额后的金额填列。

(20)“开发支出”项目，反映小企业正在进行的无形资产研究开发项目满足资本化条件的支出。本项目应根据“研发支出”科目的期末余额填列。

(21)“长期待摊费用”项目，反映小企业尚未摊销完毕的已提足折旧的固定资产的改建支出、经营租入固定资产的改建支出、固定资产的大修理支出和其他长期待摊费用。本项目应根据“长期待摊费用”科目的期末余额分析填列。

(22)“其他非流动资产”项目，反映小企业除以上非流动资产以外的其他非流动资产。本项目应根据有关科目的期末余额分析填列。

(23)“短期借款”项目，反映小企业向银行或其他金融机构等借入的期限在1年内的、尚未偿还的各种借款本金。本项目应根据“短期借款”科目的期末余额填列。

(24)“应付票据”项目，反映小企业因购买材料、商品和接受劳务等日常生产经营活动开出、承兑的商业汇票（银行承兑汇票和商业承兑汇票）尚未到期的票面金额。本项目应根据“应付票据”科目的期末余额填列。

(25)“应付账款”项目，反映小企业因购买材料、商品和接受劳务等日常生产经营活动尚未支付的款项。本项目应根据“应付账款”科目的期末余额填列。如“应付账款”科目期末为借方余额，应当在“预付账款”项目列示。

(26)“预收账款”项目，反映小企业根据合同规定预收的款项。包括：预收的购货款、工程款等。本项目应根据“预收账款”科目的期末贷方余额填列；如“预收账款”科目期末为借方余额，应当在“应收账款”项目列示。

属于超过1年期以上的预收账款的贷方余额应当在“其他非流动负债”项目列示。

(27)“应付职工薪酬”项目，反映小企业应付未付的职工薪酬。本项目应根据“应付职工薪酬”科目期末余额填列。

(28)“应交税费”项目，反映小企业期末未交、多交或尚未抵扣的各种税费。本项目应根据“应交税费”科目的期末贷方余额填列；如“应交税费”科目期末为借方余额，以“-”号填列。

(29)“应付利息”项目，反映小企业尚未支付的利息费用。本项目应根据“应付利息”科目的期末余额填列。

(30)“应付利润”项目，反映小企业尚未向投资者支付的利润。本项目应根据“应付利润”科目的期末余额填列。

(31)“其他应付款”项目，反映小企业除应付账款、预收账款、应付职工薪酬、应交税费、应付利息、应付利润等以外的其他各项应付、暂收的款项。包括：应付租入固定资产和包装物的租金、存入保证金等。本项目应根据“其他应付款”科目的期末余额填列。

(32)“其他流动负债”项目，反映小企业除以上流动负债以外的其他流动负债（含1年内到期的非流动负债）。本项目应根据有关科目的期末余额填列。

(33)“长期借款”项目，反映小企业向银行或其他金融机构借入的期限在1年以上的、尚未偿还的各项借款本金。本项目应根据“长期借款”科目的期末余额分析填列。

(34)“长期应付款”项目，反映小企业除长期借款以外的其他各种应付未付的长期应付款项。包括：应付融资租入固定资产的租赁费、以分期付款方式购入固定资产发生的应付款项等。本项目应根据“长期应付款”科目的期末余额分析填列。

(35)“递延收益”项目，反映小企业收到的、应在以后期间计入损益的政府补助。本项目应根据“递延收益”科目的期末余额分析填列。

(36)“其他非流动负债”项目，反映小企业除以上非流动负债项目以外的其他非流动负债。本项目应根据有关科目的期末余额分析填列。

(37)“实收资本（或股本）”项目，反映小企业收到投资者按照合同协议约定或相关规定投入的、构成小企业注册资本的部分。本项目应根据“实收资本（或股本）”科目的期末余额分析填列。

(38)“资本公积”项目，反映小企业收到投资者投入资本超出其在注册资本中所占份额的部分。本项目应根据“资本公积”科目的期末余额填列。

(39)“盈余公积”项目，反映小企业（公司制）的法定公积金和任意公积金，小企业（外商投资）的储备基金和企业发展基金。本项目应根据“盈余公积”科目的期末余额填列。

(40)“未分配利润”项目，反映小企业尚未分配的历年结存的利润。本项目应根据“利润分配”科目的期末余额填列。未弥补的亏损，在本项目内以“-”号填列。

4. 本表中各项目之间的勾稽关系为：

行 15 = 行 1 + 行 2 + 行 3 + 行 4 + 行 5 + 行 6 + 行 7 + 行 8 + 行 9 + 行 14；

行 9 ≥ 行 10 + 行 11 + 行 12 + 行 13；

行 29 = 行 16 + 行 17 + 行 20 + 行 21 + 行 22 + 行 23 + 行 24 + 行 25 + 行 26 + 行 27 + 行 28；

行 20 = 行 18 - 行 19；

行 30 = 行 15 + 行 29；

行 41 = 行 31 + 行 32 + 行 33 + 行 34 + 行 35 + 行 36 + 行 37 + 行 38 + 行 39 + 行 40；

行 46 = 行 42 + 行 43 + 行 44 + 行 45；

行 47 = 行 41 + 行 46；

行 52 = 行 48 + 行 49 + 行 50 + 行 51；

行 53 = 行 47 + 行 52 = 行 30。

（三）小企业利润表格式及编制

利润表

会小企 02 表

编制单位：　　　　年　月　　　　单位：元

项目	行次	本年累计金额	本月金额
一、营业收入	1		
减：营业成本	2		
营业税金及附加	3		
其中：消费税	4		
城市维护建设税	6		
资源税	7		
土地增值税	8		
城镇土地使用税、房产税、车船税、印花税	9		
教育费附加、矿产资源补偿费、排污费	10		
销售费用	11		
其中：商品维修费	12		
广告费和业务宣传费	13		
管理费用	14		
其中：开办费	15		
业务招待费	16		

续表

项 目	行次	本年累计金额	本月金额
研究费用	17		
财务费用	18		
其中：利息费用（收入以“-”号填列）	19		
加：投资收益（损失以“-”号填列）	20		
二、营业利润（亏损以“-”号填列）	21		
加：营业外收入	22		
其中：政府补助	23		
减：营业外支出	24		
其中：坏账损失	25		
无法收回的长期债券投资损失	26		
无法收回的长期股权投资损失	27		
自然灾害等不可抗力因素造成的损失	28		
税收滞纳金	29		
三、利润总额（亏损总额以“-”号填列）	30		
减：所得税费用	31		
四、净利润（净亏损以“-”号填列）	32		

1. 本表反映小企业在一定会计期间内利润（亏损）的实现情况。

2. 本表“本年累计金额”栏反映各项目自年初起至报告期末止的累计实际发生额。

本表“本月金额”栏反映各项目的本月实际发生额；在编报年度财务报表时，应将“本月金额”栏改为“上年金额”栏，填列上年全年实际发生额。

3. 本表各项目的内容及其填列方法：

（1）“营业收入”项目，反映小企业销售商品和提供劳务所实现的收入总额。本项目应根据“主营业务收入”科目和“其他业务收入”科目的发生额合计填列。

（2）“营业成本”项目，反映小企业所销售商品的成本和所提供劳务的成本。本项目应根据“主营业务成本”科目和“其他业务成本”科目的发生额合计填列。

（3）“营业税金及附加”项目，反映小企业开展日常生产活动应负担的消费税、城市维护建设税、资源税、土地增值税、城镇土地使用税、房产税、车船税、印花税和教育费附加、矿产资源补偿费、排污费等。本项目应根据“营业税金及附加”科目的发生额填列。

(4)“销售费用”项目，反映小企业销售商品或提供劳务过程中发生的费用。本项目应根据“销售费用”科目的发生额填列。

(5)“管理费用”项目，反映小企业为组织和管理生产经营发生的其他费用。本项目应根据“管理费用”科目的发生额填列。

(6)“财务费用”项目，反映小企业为筹集生产经营所需资金发生的筹资费用。本项目应根据“财务费用”科目的发生额填列。

(7)“投资收益”项目，反映小企业股权投资取得的现金股利（或利润)、债券投资取得的利息收入和处置股权投资和债券投资取得的处置价款扣除成本或账面余额、相关税费后的净额。本项目应根据“投资收益”科目的发生额填列；如为投资损失，以“-”号填列。

(8)“营业利润”项目，反映小企业当期开展日常生产经营活动实现的利润。本项目应根据营业收入扣除营业成本、营业税金及附加、销售费用、管理费用和财务费用，加上投资收益后的金额填列。如为亏损，以“-”号填列。

(9)“营业外收入”项目，反映小企业实现的各项营业外收入金额。包括：非流动资产处置净收益、政府补助、捐赠收益、盘盈收益、汇兑收益、出租包装物和商品的租金收入、逾期未退包装物押金收益、确实无法偿付的应付款项、已作坏账损失处理后又收回的应收款项、违约金收益等。本项目应根据“营业外收入”科目的发生额填列。

(10)“营业外支出”项目，反映小企业发生的各项营业外支出金额。包括：存货的盘亏、毁损、报废损失，非流动资产处置净损失，坏账损失，无法收回的长期债券投资损失，无法收回的长期股权投资损失，自然灾害等不可抗力因素造成的损失，税收滞纳金，罚金，罚款，被没收财物的损失，捐赠支出，赞助支出等。本项目应根据“营业外支出”科目的发生额填列。

(11)“利润总额”项目，反映小企业当期实现的利润总额。本项目应根据营业利润加上营业外收入减去营业外支出后的金额填列。如为亏损总额，以“-”号填列。

(12)“所得税费用”项目，反映小企业根据企业所得税法确定的应从当期利润总额中扣除的所得税费用。本项目应根据“所得税费用”科目的发生额填列。

(13)“净利润”项目，反映小企业当期实现的净利润。本项目应根据利润总额扣除所得税费用后的金额填列。如为净亏损，以“-”号填列。

4. 本表中各项目之间的勾稽关系为：

行21=行1-行2-行3-行11-行14-行18+行20；

行3≥行4+行6+行7+行8+行9+行10；

行11≥行12+行13；

行14≥行15+行16+行17；

行18≥行19；

行30=行21+行22-行24；

行22≥行23；

行24≥行25+行26+行27+行28+行29；

行32=行30-行31。

(四) 小企业现金流量表格式及编制 (见下表)

现金流量表

会小企03表

编制单位： 年 月 单位：元

项 目	行次	本年累计金额	本月金额
一、经营活动产生的现金流量：			
销售产成品、商品、提供劳务收到的现金	1		
收到其他与经营活动有关的现金	2		
购买原材料、商品、接受劳务支付的现金	3		
支付的职工薪酬	4		
支付的税费	5		
支付其他与经营活动有关的现金	6		
经营活动产生的现金流量净额	7		
二、投资活动产生的现金流量：			
收回短期投资、长期债券投资和长期股权投资收到的现金	8		
取得投资收益收到的现金	9		
处置固定资产、无形资产和其他非流动资产收回的现金净额	10		

续表

项目	行次	本年累计金额	本月金额
短期投资、长期债券投资和长期股权投资支付的现金	11		
购建固定资产、无形资产和其他非流动资产支付的现金	12		
投资活动产生的现金流量净额	13		
三、筹资活动产生的现金流量：			
取得借款收到的现金	14		
吸收投资者投资收到的现金	15		
偿还借款本金支付的现金	16		
偿还借款利息支付的现金	17		
分配利润支付的现金	18		
筹资活动产生的现金流量净额	19		
四、现金净增加额	20		
加：期初现金余额	21		
五、期末现金余额	22		

1. 本表反映小企业一定会计期间内有关现金流入和流出的信息。

2. 本表“本年累计金额”栏反映各项目自年初起至报告期末止的累计实际发生额。

本表“本月金额”栏反映各项目的本月实际发生额；在编报年度财务报表时，应将“本月金额”栏改为“上年金额”栏，填列上年全年实际发生额。

3. 本表各项目的内容及填列方法如下：

（1）经营活动产生的现金流量。

①“销售产成品、商品、提供劳务收到的现金”项目，反映小企业本期销售产成品、商品、提供劳务收到的现金。本项目可以根据“库存现金”“银行存款”和“主营业务收入”等科目的本期发生额分析填列。

②“收到其他与经营活动有关的现金”项目，反映小企业本期收到的其他与经营活动有关的现金。本项目可以根据“库存现金”和“银行存款”等科目的本期发生额分析填列。

③“购买原材料、商品、接受劳务支付的现金”项目，反映小企业本期

购买原材料、商品、接受劳务支付的现金。本项目可以根据“库存现金”“银行存款”“其他货币资金”“原材料”“库存商品”等科目的本期发生额分析填列。

④“支付的职工薪酬”项目，反映小企业本期向职工支付的薪酬。本项目可以根据“库存现金”“银行存款”“应付职工薪酬”科目的本期发生额填列。

⑤“支付的税费”项目，反映小企业本期支付的税费。本项目可以根据“库存现金”“银行存款”“应交税费”等科目的本期发生额填列。

⑥“支付其他与经营活动有关的现金”项目，反映小企业本期支付的其他与经营活动有关的现金。本项目可以根据“库存现金”“银行存款”等科目的本期发生额分析填列。

（2）投资活动产生的现金流量。

①“收回短期投资、长期债券投资和长期股权投资收到的现金”项目，反映小企业出售、转让或到期收回短期投资、长期股权投资而收到的现金，以及收回长期债券投资本金而收到的现金，不包括长期债券投资收回的利息。本项目可以根据“库存现金”“银行存款”“短期投资”“长期股权投资”“长期债券投资”等科目的本期发生额分析填列。

②“取得投资收益收到的现金”项目，反映小企业因权益性投资和债权性投资取得的现金股利或利润和利息收入。本项目可以根据“库存现金”“银行存款”“投资收益”等科目的本期发生额分析填列。

③“处置固定资产、无形资产和其他非流动资产收回的现金净额”项目，反映小企业处置固定资产、无形资产和其他非流动资产取得的现金，减去为处置这些资产而支付的有关税费等后的净额。本项目可以根据“库存现金”“银行存款”“固定资产清理”“无形资产”“生产性生物资产”等科目的本期发生额分析填列。

④“短期投资、长期债券投资和长期股权投资支付的现金”项目，反映小企业进行权益性投资和债权性投资支付的现金。包括：企业取得短期股票投资、短期债券投资、短期基金投资、长期债券投资、长期股权投资支付的现金。本项目可以根据“库存现金”“银行存款”“短期投资”“长期债券投资”“长期股权投资”等科目的本期发生额分析填列。

⑤“购建固定资产、无形资产和其他非流动资产支付的现金”项目，反映小企业购建固定资产、无形资产和其他非流动资产支付的现金。包括：购

买机器设备、无形资产、生产性生物资产支付的现金、建造工程支付的现金等现金支出，不包括为购建固定资产、无形资产和其他非流动资产而发生的借款费用资本化部分和支付给在建工程和无形资产开发项目人员的薪酬。为购建固定资产、无形资产和其他非流动资产而发生借款费用资本化部分，在“偿还借款利息支付的现金”项目反映；支付给在建工程和无形资产开发项目人员的薪酬，在“支付的职工薪”项目反映。本项目可以根据“库存现金”“银行存款”“固定资产”“在建工程”“无形资产”“研发支出”“生产性生物资产”“应付职工薪酬”等科目的本期发生额分析填列。

（3）筹资活动产生的现金流量。

①“取得借款收到的现金”项目，反映小企业举借各种短期、长期借款收到的现金。本项目可以根据“库存现金”“银行存款”“短期借款”“长期借款”等科目的本期发生额分析填列。

②“吸收投资者投资收到的现金”项目，反映小企业收到的投资者作为资本投入的现金。本项目可以根据“库存现金”“银行存款”“实收资本”“资本公积”等科目的本期发生额分析填列。

③“偿还借款本金支付的现金”项目，反映小企业以现金偿还各种短期、长期借款的本金。本项目可以根据“库存现金”“银行存款”“短期借款”“长期借款”等科目的本期发生额分析填列。

④“偿还借款利息支付的现金”项目，反映小企业以现金偿还各种短期、长期借款的利息。本项目可以根据“库存现金”“银行存款”“应付利息”等科目的本期发生额分析填列。

⑤“分配利润支付的现金”项目，反映小企业向投资者实际支付的利润。本项目可以根据“库存现金”“银行存款”“应付利润”等科目的本期发生额分析填列。

4. 本表中各项目之间的勾稽关系为：

行 7 = 行 1 + 行 2 − 行 3 − 行 4 − 行 5 − 行 6；

行 13 = 行 8 + 行 9 + 行 10 − 行 11 − 行 12；

行 19 = 行 14 + 行 15 − 行 16 − 行 17 − 行 18；

行 20 = 行 7 + 行 13 + 行 19；

行 22 = 行 20 + 行 21。

（五）附注

附注是财务报表的重要组成部分。小企业应当按照小企业会计准则规定披露附注信息，主要包括下列内容：

1. 遵循小企业会计准则的声明。

小企业应当声明编制的财务报表符合小企业会计准则的要求，真实、完整地反映了小企业的财务状况、经营成果和现金流量等有关信息。

2. 短期投资、应收账款、存货、固定资产项目的说明。

（1）短期投资的披露格式如下：

项 目	期末账面余额	期末市价	期末账面余额与市价的差额
1. 股票			
2. 债券			
3. 基金			
4. 其他			
合计			

（2）应收账款按账龄结构披露的格式如下：

账龄结构	期末账面余额	年初账面余额
1年以内（含1年）		
1年至2年（含2年）		
2年至3年（含3年）		
3年以上		
合 计		

（3）存货的披露格式如下：

存货种类	期末账面余额	期末市价	期末账面余额与市价的差额
1. 原材料			
2. 在产品			
3. 库存商品			
4. 周转材料			
5. 消耗性生物资产			
……			
合计			

（4）固定资产的披露格式如下：

项 目	原 价	累计折旧	期末账面价值
1. 房屋、建筑物			
2. 机器			
3. 机械			
4. 运输工具			
5. 设备			
6. 器具			
7. 工具			
……			
合计			

3. 应付职工薪酬、应交税费项目的说明。

（1）应付职工薪酬的披露格式如下：

应付职工薪酬明细表

会小企 01 表附表 1

编制单位：　　　　年　月　　　　单位：元

项 目	期末账面余额	年初账面余额
1. 职工工资		
2. 奖金、津贴和补贴		
3. 职工福利费		
4. 社会保险费		
5. 住房公积金		
6. 工会经费		
7. 职工教育经费		
8. 非货币性福利		
9. 辞退福利		
10. 其他		
合计		

（2）应交税费的披露格式如下：

应交税费明细表

会小企 01 表附表 2

编制单位： 年 月 单位：元

项 目	期末账面余额	年初账面余额
1. 增值税		
2. 消费税		
3. 城市维护建设税		
4. 企业所得税		
5. 资源税		
6. 土地增值税		
7. 城镇土地使用税		
8. 房产税		
9. 车船税		
10. 教育费附加		
11. 矿产资源补偿费		
12. 排污费		
13. 代扣代缴的个人所得税		
……		
合计		

4. 利润分配的说明（见下表）。

利润分配表

会小企 01 表附表 3

编制单位： 年度 单位：元

项 目	行次	本年金额	上年金额
一、净利润	1		
加：年初未分配利润	2		
其他转入	3		
二、可供分配的利润	4		
减：提取法定盈余公积	5		
提取任意盈余公积	6		
提取职工奖励及福利基金 *	7		
提取储备基金 *	8		
提取企业发展基金 *	9		
利润归还投资 * *	10		

续表

项　目	行次	本年金额	上年金额
三、可供投资者分配的利润	11		
减：应付利润	12		
四、未分配利润	13		

注：*提取职工奖励及福利基金、提取储备基金、提取企业发展基金这3个项目仅适用于小企业（外商投资）按照相关法律规定提取的3项基金。

**利润归还投资这个项目仅适用于小企业（中外合作经营）根据合同规定在合作期间归还投资者的投资。

5. 用于对外担保的资产名称、账面余额及形成的原因；未决诉讼、未决仲裁以及对外提供担保所涉及的金额。

6. 发生严重亏损的，应当披露持续经营的计划、未来经营的方案。

7. 对已在资产负债表和利润表中列示项目与企业所得税法规定存在差异的纳税调整过程。可参见《中华人民共和国企业所得税年度纳税申报表》。

8. 其他需要说明的事项。

第二部分　税收优惠政策汇编

一、企业初创期税收优惠

（一）小微企业税收优惠

1. 增值税小规模纳税人销售额未超限额免征增值税

【享受主体】

增值税小规模纳税人。

【优惠内容】

自 2019 年 1 月 1 日至 2021 年 12 月 31 日，对月销售额 10 万元以下（以 1 个季度为 1 个纳税期的，季度销售额 30 万元以下，含本数，下同）的增值税小规模纳税人，免征增值税。

【享受条件】

（1）此优惠政策适用于增值税小规模纳税人（包括：企业和非企业单位、个体工商户、其他个人）。

（2）小规模纳税人发生增值税应税销售行为，合计月销售额超过 10 万元，但扣除本期发生的销售不动产的销售额后未超过 10 万元（以 1 个季度为 1 个纳税期的，季度销售额未超过 30 万元）的，其销售货物、劳务、服务、无形资产取得的销售额免征增值税。

【政策依据】

（1）《财政部　税务总局关于实施小微企业普惠性税收减免政策的通知》（财税〔2019〕13 号）第一条

（2）《国家税务总局关于小规模纳税人免征增值税政策有关征管问题的公告》（国家税务总局公告 2019 年第 4 号）

2. 小型微利企业减免企业所得税

【享受主体】

小型微利企业。

【优惠内容】

自 2019 年 1 月 1 日至 2021 年 12 月 31 日，对小型微利企业年应纳税所得额不超过 100 万元的部分，减按 25% 计入应纳税所得额，按 20% 的税率缴纳企业所得税；对年应纳税所得额超过 100 万元但不超过 300 万元的部分，减按 50% 计入应纳税所得额，按 20% 的税率缴纳企业所得税。

【享受条件】

小型微利企业是指从事国家非限制和禁止行业，且同时符合年度应纳税所得额不超过 300 万元、从业人数不超过 300 人、资产总额不超过 5 000 万元等三个条件的企业。

从业人数，包括与企业建立劳动关系的职工人数和企业接受的劳务派遣用工人数。所称从业人数和资产总额指标，应按企业全年的季度平均值确定。具体计算公式如下：

季度平均值 =（季初值 + 季末值）÷2

全年季度平均值 = 全年各季度平均值之和 ÷4

年度中间开业或者终止经营活动的，以其实际经营期作为一个纳税年度确定上述相关指标。

【政策依据】

（1）《中华人民共和国企业所得税法》第二十八条第一款

（2）《中华人民共和国企业所得税法实施条例》第九十二条

（3）《财政部 税务总局关于实施小微企业普惠性税收减免政策的通知》（财税〔2019〕13 号）第二条

（4）《国家税务总局关于实施小型微利企业普惠性所得税减免政策有关问题的公告》（国家税务总局公告 2019 年第 2 号）

3. 增值税小规模纳税人减免资源税等“六税两费”

【享受主体】

增值税小规模纳税人。

【优惠内容】

自 2019 年 1 月 1 日至 2021 年 12 月 31 日，由省、自治区、直辖市人民政府根据本地区实际情况，以及宏观调控需要确定，对增值税小规模纳税人可以在 50% 的税额幅度内减征资源税、城市维护建设税、房产税、城镇土地使用税、印花税（不含证券交易印花税）、耕地占用税和教育费附加、地方教育附加。

增值税小规模纳税人已依法享受资源税、城市维护建设税、房产税、城镇土地使用税、印花税、耕地占用税、教育费附加、地方教育附加其他优惠政策的，可叠加享受此项优惠政策。

【享受条件】

增值税小规模纳税人按照各省、自治区、直辖市人民政府根据本地区实际情况，以及宏观调控需要确定的税额幅度，享受税收优惠。

【政策依据】

（1）《财政部　税务总局关于实施小微企业普惠性税收减免政策的通知》（财税〔2019〕13 号）第三条、第四条

（2）《国家税务总局关于增值税小规模纳税人地方税种和相关附加减征政策有关征管问题的公告》（国家税务总局公告 2019 年第 5 号）

（二）重点群体创业就业税收优惠

4. 重点群体创业税收扣减

【享受主体】

（1）纳入全国扶贫开发信息系统的建档立卡贫困人口；

（2）在人力资源社会保障部门公共就业服务机构登记失业半年以上的人员；

（3）零就业家庭、享受城市居民最低生活保障家庭劳动年龄内的登记失业人员；

（4）毕业年度内高校毕业生。高校毕业生是指实施高等学历教育的普通高等学校、成人高等学校应届毕业的学生；毕业年度是指毕业所在自然年，即 1 月 1 日至 12 月 31 日。

【优惠内容】

2019 年 1 月 1 日至 2021 年 12 月 31 日，从事个体经营的，自办理个体工商户登记当月起，在 3 年（36 个月，下同）内按每户每年 12 000 元为限额依次扣减其当年实际应缴纳的增值税、城市维护建设税、教育费附加、地方教育附加和个人所得税。限额标准最高可上浮 20%，各省、自治区、直辖市人民政府可根据本地区实际情况在此幅度内确定具体限额标准。

纳税人年度应缴纳税款小于上述扣减限额的，减免税额以其实际缴纳的税款为限；大于上述扣减限额的，以上述扣减限额为限。

纳税人在 2021 年 12 月 31 日享受税收优惠政策未满 3 年的，可继续享受至 3 年期满为止。以前年度已享受重点群体创业就业税收优惠政策满 3 年的，不得再享受财税〔2019〕22 号文件规定的税收优惠政策；以前年度享受重点群体创业就业税收优惠政策未满 3 年且符合财税〔2019〕22 号文件规定条件的，可按财税〔2019〕22 号文件规定享受优惠至 3 年期满。

【享受条件】

（1）从事个体经营；

（2）建档立卡贫困人口、持“就业创业证”（注明“自主创业税收政策”或“毕业年度内自主创业税收政策”）或“就业失业登记证”（注明“自主创业税收政策”）的人员。

【政策依据】

（1）《财政部　税务总局　人力资源社会保障部　国务院扶贫办关于进一步支持和促进重点群体创业就业有关税收政策的通知》（财税〔2019〕22 号）第一条、第五条

（2）《国家税务总局　人力资源社会保障部　国务院扶贫办　教育部关于实施支持和促进重点群体创业就业有关税收政策具体操作问题的公告》（国家税务总局公告 2019 年第 10 号）

5. 吸纳重点群体就业税收扣减

【享受主体】

属于增值税纳税人或企业所得税纳税人的企业等单位。

【优惠内容】

2019 年 1 月 1 日至 2021 年 12 月 31 日，招用建档立卡贫困人口，以及在人力资源社会保障部门公共就业服务机构登记失业半年以上且持“就业创业证”或“就业失业登记证”（注明“企业吸纳税收政策”）的人员，与其签订 1 年以上期限劳动合同并依法缴纳社会保险费的，在 3 年内按实际招用人数予以定额依次扣减增值税、城市维护建设税、教育费附加、地方教育附加和企业所得税优惠。定额标准为每人每年 6 000 元，最高可上浮 30%，各省、自治区、直辖市人民政府可根据本地区实际情况在此幅度内确定具体定额标准。城市维护建设税、教育费附加、地方教育附加的计税依据是享受本项税收优

惠政策前的增值税应纳税额。

按上述标准计算的税收扣减额应在企业当年实际应缴纳的增值税、城市维护建设税、教育费附加、地方教育附加和企业所得税税额中扣减，当年扣减不完的，不得结转下年使用。

纳税人在 2021 年 12 月 31 日享受税收优惠政策未满 3 年的，可继续享受至 3 年期满为止。

【享受条件】

与招用建档立卡贫困人口，以及在人力资源社会保障部门公共就业服务机构登记失业半年以上且持“就业创业证”或“就业失业登记证”（注明“企业吸纳税收政策”）的人员签订 1 年以上期限劳动合同并依法缴纳社会保险费。

【政策依据】

（1）《财政部　税务总局　人力资源社会保障部　国务院扶贫办关于进一步支持和促进重点群体创业就业有关税收政策的通知》（财税〔2019〕22 号）第二条、第五条

（2）《国家税务总局　人力资源社会保障部　国务院扶贫办　教育部关于实施支持和促进重点群体创业就业有关税收政策具体操作问题的公告》（国家税务总局公告 2019 年第 10 号）

6. 退役士兵创业税收扣减

【享受主体】

自主就业的退役士兵。

【优惠内容】

2019 年 1 月 1 日至 2021 年 12 月 31 日，自主就业退役士兵从事个体经营的，自办理个体工商户登记当月起，在 3 年（36 个月，下同）内按每户每年 12 000 元为限额依次扣减其当年实际应缴纳的增值税、城市维护建设税、教育费附加、地方教育附加和个人所得税。限额标准最高可上浮 20%，各省、自治区、直辖市人民政府可根据本地区实际情况在此幅度内确定具体限额标准。城市维护建设税、教育费附加、地方教育附加的计税依据是享受本项税收优惠政策前的增值税应纳税额。

纳税人年度应缴纳税款小于上述扣减限额的，减免税额以其实际缴纳的税款为限；大于上述扣减限额的，以上述扣减限额为限。纳税人的实际经营

期不足1年的，应当按月换算其减免税限额。换算公式为：减免税限额 = 年度减免税限额 ÷ 12 × 实际经营月数。

纳税人在2021年12月31日享受税收优惠政策未满3年的，可继续享受至3年期满为止。退役士兵以前年度已享受退役士兵创业就业税收优惠政策满3年的，不得再享受财税〔2019〕21号文件规定的税收优惠政策；以前年度享受退役士兵创业就业税收优惠政策未满3年且符合财税〔2019〕21号文件规定条件的，可按财税〔2019〕21号文件规定享受优惠至3年期满。

【享受条件】

（1）从事个体经营；

（2）自主就业退役士兵是指依照《退役士兵安置条例》（国务院　中央军委令第608号）的规定退出现役并按自主就业方式安置的退役士兵。

【政策依据】

《财政部　税务总局　退役军人部关于进一步扶持自主就业退役士兵创业就业有关税收政策的通知》（财税〔2019〕21号）第一条、第三条、第六条

7. 吸纳退役士兵就业企业税收扣减

【享受主体】

属于增值税纳税人或企业所得税纳税人的企业等单位。

【优惠内容】

2019年1月1日至2021年12月31日，招用自主就业退役士兵，与其签订1年以上期限劳动合同并依法缴纳社会保险费的，在3年内按实际招用人数予以定额依次扣减增值税、城市维护建设税、教育费附加、地方教育附加和企业所得税优惠。定额标准为每人每年6 000元，最高可上浮50%，各省、自治区、直辖市人民政府可根据本地区实际情况在此幅度内确定具体定额标准。城市维护建设税、教育费附加、地方教育附加的计税依据是享受本项税收优惠政策前的增值税应纳税额。

企业按招用人数和签订的劳动合同时间核算企业减免税总额，在核算减免税总额内每月依次扣减增值税、城市维护建设税、教育费附加和地方教育附加。企业实际应缴纳的增值税、城市维护建设税、教育费附加和地方教育附加小于核算减免税总额的，以实际应缴纳的增值税、城市维护建设税、教育费附加和地方教育附加为限；实际应缴纳的增值税、城市维护建设税、教育费附加和地方教育附加大于核算减免税总额的，以核算减免税总额为限。

纳税年度终了，如果企业实际减免的增值税、城市维护建设税、教育费附加和地方教育附加小于核算减免税总额，企业在企业所得税汇算清缴时以差额部分扣减企业所得税。当年扣减不完的，不再结转以后年度扣减。

自主就业退役士兵在企业工作不满1年的，应当按月换算减免税限额。计算公式为：企业核算减免税总额＝Σ每名自主就业退役士兵本年度在本单位工作月份÷12×具体定额标准。

在2021年12月31日享受税收优惠政策未满3年的，可继续享受至3年期满为止。

【享受条件】

与招用自主就业退役士兵签订1年以上期限劳动合同并依法缴纳社会保险费的。

【政策依据】

《财政部　税务总局　退役军人部关于进一步扶持自主就业退役士兵创业就业有关税收政策的通知》（财税〔2019〕21号）第二条、第五条、第六条

8. 随军家属创业免征增值税

【享受主体】

从事个体经营的随军家属。

【优惠内容】

自办理税务登记事项之日起，其提供的应税服务3年内免征增值税。

【享受条件】

必须持有师以上政治机关出具的可以表明其身份的证明，每一名随军家属可以享受一次免税政策。

【政策依据】

《财政部　国家税务总局关于全面推开营业税改征增值税试点的通知》（财税〔2016〕36号）附件3《营业税改征增值税试点过渡政策的规定》第一条第（三十九）项

9. 随军家属创业免征个人所得税

【享受主体】

从事个体经营的随军家属。

【优惠内容】

随军家属从事个体经营，自领取税务登记证之日起，3年内免征个人所得税。

【享受条件】

（1）随军家属从事个体经营，必须持有师以上政治机关出具的可以表明其身份的证明。

（2）每一随军家属只能按上述规定，享受一次免税政策。

【政策依据】

《财政部　国家税务总局关于随军家属就业有关税收政策的通知》（财税〔2000〕84号）第二条

10. 安置随军家属就业的企业免征增值税

【享受主体】

为安置随军家属就业而新开办的企业。

【优惠内容】

为安置随军家属就业而新开办的企业，自领取税务登记证之日起，其提供的应税服务3年内免征增值税。

【享受条件】

安置的随军家属必须占企业总人数的60%（含）以上，并有军（含）以上政治和后勤机关出具的证明。

【政策依据】

《财政部　国家税务总局关于全面推开营业税改征增值税试点的通知》（财税〔2016〕36号）附件3《营业税改征增值税试点过渡政策的规定》第一条第（三十九）项

11. 军队转业干部创业免征增值税

【享受主体】

从事个体经营的军队转业干部。

【优惠内容】

自领取税务登记证之日起，其提供的应税服务3年内免征增值税。

【享受条件】

自主择业的军队转业干部必须持有师以上部队颁发的转业证件。

【政策依据】

《财政部 国家税务总局关于全面推开营业税改征增值税试点的通知》（财税〔2016〕36号）附件3《营业税改征增值税试点过渡政策的规定》第一条第（四十）项

12. 自主择业的军队转业干部免征个人所得税

【享受主体】

从事个体经营的军队转业干部。

【优惠内容】

自主择业的军队转业干部从事个体经营，自领取税务登记证之日起，3年内免征个人所得税。

【享受条件】

自主择业的军队转业干部必须持有师以上部队颁发的转业证件。

【政策依据】

《财政部 国家税务总局关于自主择业的军队转业干部有关税收政策问题的通知》（财税〔2003〕26号）第一条

13. 安置军队转业干部就业的企业免征增值税

【享受主体】

为安置自主择业的军队转业干部就业而新开办的企业。

【优惠内容】

为安置自主择业的军队转业干部就业而新开办的企业，自领取税务登记证之日起，其提供的应税服务3年内免征增值税。

【享受条件】

（1）安置的自主择业军队转业干部占企业总人数60%（含）以上；

（2）军队转业干部必须持有师以上部队颁发的转业证件。

【政策依据】

《财政部 国家税务总局关于全面推开营业税改征增值税试点的通知》（财税〔2016〕36号）附件3《营业税改征增值税试点过渡政策的规定》第一条第（四十）项

14. 残疾人创业免征增值税

【享受主体】

残疾人个人。

【优惠内容】

残疾人个人提供的加工、修理修配劳务，为社会提供的应税服务，免征增值税。

【享受条件】

残疾人，是指在法定劳动年龄内，持有“中华人民共和国残疾人证”或者“中华人民共和国残疾军人证（1至8级）”的自然人，包括具有劳动条件和劳动意愿的精神残疾人。

【政策依据】

（1）《财政部　国家税务总局关于全面推开营业税改征增值税试点的通知》（财税〔2016〕36号）附件3《营业税改征增值税试点过渡政策的规定》第一条第（六）项

（2）《财政部　国家税务总局关于促进残疾人就业增值税优惠政策的通知》（财税〔2016〕52号）第八条

（3）《国家税务总局关于发布〈促进残疾人就业增值税优惠政策管理办法〉的公告》（国家税务总局公告2016年第33号发布，2018年第31号修改）

15. 安置残疾人就业的单位和个体工商户增值税即征即退

【享受主体】

安置残疾人的单位和个体工商户。

【优惠内容】

对安置残疾人的单位和个体工商户（以下称纳税人），实行由税务机关按纳税人安置残疾人的人数，限额即征即退增值税。每月可退还的增值税具体限额，由县级以上税务机关根据纳税人所在区县（含县级市、旗）适用的经省（含自治区、直辖市、计划单列市）人民政府批准的月最低工资标准的4倍确定。

一个纳税期已交增值税额不足退还的，可在本纳税年度内以前纳税期已交增值税扣除已退增值税的余额中退还，仍不足退还的可结转本纳税年度内以后纳税期退还，但不得结转以后年度退还。纳税期限不为按月的，只能对其符合条件的月份退还增值税。

【享受条件】

（1）纳税人（除盲人按摩机构外）月安置的残疾人占在职职工人数的比例不低于25%（含25%），并且安置的残疾人人数不少于10人（含10人）。

盲人按摩机构月安置的残疾人占在职职工人数的比例不低于25%（含25%），并且安置的残疾人人数不少于5人（含5人）。

（2）依法与安置的每位残疾人签订了1年以上（含1年）的劳动合同或服务协议。

（3）为安置的每位残疾人按月足额缴纳了基本养老保险、基本医疗保险、失业保险、工伤保险和生育保险等社会保险。

（4）通过银行等金融机构向安置的每位残疾人，按月支付了不低于纳税人所在区县适用的经省人民政府批准的月最低工资标准的工资。

（5）纳税人纳税信用等级为税务机关评定的C级或D级的，不得享受此项税收优惠政策。

（6）如果既适用促进残疾人就业增值税优惠政策，又适用重点群体、退役士兵、随军家属、军转干部等支持就业的增值税优惠政策的，纳税人可自行选择适用的优惠政策，但不能累加执行。一经选定，36个月内不得变更。

（7）此项税收优惠政策仅适用于生产销售货物，提供加工、修理修配劳务，以及提供营改增现代服务和生活服务税目（不含文化体育服务和娱乐服务）范围的服务取得的收入之和，占其增值税收入的比例达到50%的纳税人，但不适用于上述纳税人直接销售外购货物（包括商品批发和零售）以及销售委托加工的货物取得的收入。

纳税人应当分别核算上述享受税收优惠政策和不得享受税收优惠政策业务的销售额，不能分别核算的，不得享受此项优惠政策。

【政策依据】

（1）《财政部 国家税务总局关于促进残疾人就业增值税优惠政策的通知》（财税〔2016〕52号）

（2）《国家税务总局关于发布〈促进残疾人就业增值税优惠政策管理办法〉的公告》（国家税务总局公告2016年第33号，2018年第31号修改）

16. 特殊教育学校举办的企业安置残疾人就业增值税即征即退

【享受主体】

（1）特殊教育学校举办的企业。

（2）特殊教育学校主要为在校学生提供实习场所、并由学校出资自办、由学校负责经营管理、经营收入全部归学校所有的企业。

【优惠内容】

（1）对安置残疾人的特殊教育学校举办的企业，实行由税务机关按纳税人安置残疾人的人数，限额即征即退增值税。

（2）安置的每位残疾人每月可退还的增值税具体限额，由县级以上税务机关根据纳税人所在区县（含县级市、旗，下同）适用的经省（含自治区、直辖市、计划单列市，下同）人民政府批准的月最低工资标准的4倍确定。

（3）在计算残疾人人数时可将在企业上岗工作的特殊教育学校的全日制在校学生计算在内，在计算企业在职职工人数时也要将上述学生计算在内。

【享受条件】

（1）纳税人（除盲人按摩机构外）月安置的残疾人占在职职工人数的比例不低于25%（含25%），并且安置的残疾人人数不少于10人（含10人）。

（2）纳税人纳税信用等级为税务机关评定的C级或D级的，不得享受此项税收优惠政策。

（3）如果既适用促进残疾人就业增值税优惠政策，又适用重点群体、退役士兵、随军家属、军转干部等支持就业的增值税优惠政策的，纳税人可自行选择适用的优惠政策，但不能累加执行。一经选定，36个月内不得变更。

（4）此项税收优惠政策仅适用于生产销售货物，提供加工、修理修配劳务，以及提供营改增现代服务和生活服务税目（不含文化体育服务和娱乐服务）范围的服务取得的收入之和，占其增值税收入的比例达到50%的纳税人，但不适用于上述纳税人直接销售外购货物（包括商品批发和零售）以及销售委托加工的货物取得的收入。

纳税人应当分别核算上述享受税收优惠政策和不得享受税收优惠政策业务的销售额，不能分别核算的，不得享受此项优惠政策。

【政策依据】

（1）《财政部　国家税务总局关于促进残疾人就业增值税优惠政策的通知》（财税〔2016〕52号）第三条

（2）《国家税务总局关于发布〈促进残疾人就业增值税优惠政策管理办法〉的公告》（国家税务总局公告2016年第33号，2018年第31号修改）

17. 残疾人就业减征个人所得税

【享受主体】

就业的残疾人。

【优惠内容】

对残疾人个人取得的劳动所得，按照省（不含计划单列市）人民政府规定的减征幅度和期限减征个人所得税。

【享受条件】

（1）“残疾人”是指持有“中华人民共和国残疾人证”上注明属于视力残疾、听力残疾、言语残疾、肢体残疾、智力残疾和精神残疾的人员和持有“中华人民共和国残疾军人证（1至8级）”的人员。

（2）残疾人按照省（不含计划单列市）人民政府规定的减征幅度和期限减征个人所得税。

【政策依据】

《财政部　国家税务总局关于促进残疾人就业税收优惠政策的通知》（财税〔2007〕92号）

18. 安置残疾人就业的企业残疾人工资加计扣除

【享受主体】

安置残疾人就业的企业。

【优惠内容】

企业安置残疾人员的，在按照支付给残疾职工工资据实扣除的基础上，可以在计算应纳税所得额时按照支付给残疾职工工资的100%加计扣除。

【享受条件】

（1）依法与安置的每位残疾人签订了1年以上（含1年）的劳动合同或服务协议，并且安置的每位残疾人在企业实际上岗工作。

（2）为安置的每位残疾人按月足额缴纳了企业所在区县人民政府根据国家政策规定的基本养老保险、基本医疗保险、失业保险和工伤保险等社会保险。

（3）定期通过银行等金融机构向安置的每位残疾人实际支付了不低于企业所在区县适用的经省级人民政府批准的最低工资标准的工资。

（4）具备安置残疾人上岗工作的基本设施。

【政策依据】

（1）《中华人民共和国企业所得税法》第三十条第（二）项

（2）《中华人民共和国企业所得税法实施条例》第九十六条第一款

（3）《财政部　国家税务总局关于安置残疾人员就业有关企业所得税优惠政策问题的通知》（财税〔2009〕70号）

19. 安置残疾人就业的单位减免城镇土地使用税

【享受主体】

安置残疾人就业的单位。

【优惠内容】

对在一个纳税年度内月平均实际安置残疾人就业人数占单位在职职工总数的比例高于25%（含25%）且实际安置残疾人人数高于10人（含10人）的单位，可减征或免征该年度城镇土地使用税。具体减免税比例及管理办法由省、自治区、直辖市财税主管部门确定。

【享受条件】

在一个纳税年度内月平均实际安置残疾人就业人数占单位在职职工总数的比例高于25%（含25%）且实际安置残疾人人数高于10人（含10人）的单位。

【政策依据】

《财政部　国家税务总局关于安置残疾人就业单位城镇土地使用税等政策的通知》（财税〔2010〕121号）第一条

20. 长期来华定居专家进口自用小汽车免征车辆购置税

【享受主体】

长期来华定居专家。

【优惠内容】

长期来华定居专家进口1辆自用小汽车，免征车辆购置税。

【享受条件】

除了按《车辆购置税征收管理办法》（国家税务总局令第33号公布，第38号修改）规定提供申报资料外，还应当提供国家外国专家局或者其授权单位核发的专家证，具体指：国家外国专家局或者其授权单位，在2017年3月31日以前，核发的专家证，或者在青岛等试点地区核发的相关证件；在2017年4月1日以后，国家外国专家局或者其授权单位核发的A类和B类“外国人工作许可证”。

【政策依据】

（1）《财政部 国家税务总局关于防汛专用等车辆免征车辆购置税的通知》（财税〔2001〕39号）第三条

（2）《国家税务总局关于车辆购置税征收管理有关问题的公告》（国家税务总局公告2015年第4号）第十七条

（3）《国家税务总局关于长期来华定居专家免征车辆购置税有关问题的公告》（国家税务总局公告2018年第2号）

21. 回国服务的在外留学人员购买自用国产小汽车免征车辆购置税

【享受主体】

回国服务的在外留学人员。

【优惠内容】

回国服务的在外留学人员用现汇购买1辆个人自用国产小汽车，免征车辆购置税。

【享受条件】

（1）回国服务的在外留学人员购买自用国产小汽车办理免税手续，除按规定提供申报资料外，还应当提供中华人民共和国驻留学人员学习所在国的大使馆或者领事馆（中央人民政府驻香港联络办公室、中央人民政府驻澳门联络办公室）出具的留学证明；本人护照；海关核发的“中华人民共和国海关回国人员购买国产汽车准购单”。

（2）所称小汽车，是指含驾驶员座位9座以内，在设计和技术特性上主要用于载运乘客及其随身行李或者临时物品的乘用车。

【政策依据】

（1）《财政部 国家税务总局关于防汛专用等车辆免征车辆购置税的通知》（财税〔2001〕39号）第二条

（2）《国家税务总局关于车辆购置税征收管理有关问题的补充公告》（国家税务总局公告 2016 年第 52 号）第六条

（三）创业就业平台税收优惠

22. 国家级、省级科技企业孵化器向在孵对象提供孵化服务取得的收入免征增值税

【享受主体】

国家级、省级科技企业孵化器。

【优惠内容】

（1）自 2019 年 1 月 1 日至 2021 年 12 月 31 日，对国家级、省级科技企业孵化器向在孵对象提供孵化服务取得的收入，免征增值税。

（2）上述所称孵化服务是指为在孵对象提供的经纪代理、经营租赁、研发和技术、信息技术、鉴证咨询服务。

【享受条件】

（1）国家级、省级科技企业孵化器应当单独核算孵化服务收入。

（2）国家级、省级科技企业孵化器由国务院和省级科技部门按照有关规定认定和管理。

（3）在孵对象是指符合国务院科技部门以及省级科技部门发布的认定和管理办法规定的孵化企业、创业团队和个人。

（4）国家级、省级科技企业孵化器应按规定申报享受免税政策，并将房产土地租赁合同、孵化协议等留存备查。

（5）2018 年 12 月 31 日以前认定的国家级科技企业孵化器，自 2019 年 1 月 1 日起享受财税〔2018〕120 号文件规定的税收优惠政策。2019 年 1 月 1 日以后认定的国家级、省级科技企业孵化器，自认定之日次月起享受财税〔2018〕120 号文件规定的税收优惠政策。2019 年 1 月 1 日以后被取消资格的，自取消资格之日次月起停止享受财税〔2018〕120 号文件规定的税收优惠政策。

【政策依据】

《财政部　税务总局　科技部　教育部关于科技企业孵化器　大学科技园和众创空间税收政策的通知》（财税〔2018〕120 号）

23. 国家级、省级科技企业孵化器免征房产税

【享受主体】

国家级、省级科技企业孵化器。

【优惠内容】

自 2019 年 1 月 1 日至 2021 年 12 月 31 日，对国家级、省级科技企业孵化器自用以及无偿或通过出租等方式提供给在孵对象使用的房产，免征房产税。

【享受条件】

（1）国家级、省级科技企业孵化器应当单独核算孵化服务收入。

（2）国家级科技企业孵化器按照国务院科技、教育部门有关规定进行认定和管理，省级科技企业孵化器按照省级科技、教育部门有关规定进行认定和管理。

（3）在孵对象是指符合国务院科技、教育部门以及省级科技、教育部门发布的认定和管理办法规定的孵化企业、创业团队和个人。

（4）国家级、省级科技企业孵化器应按规定申报享受免税政策，并将房产土地权属资料、房产原值资料、房产土地租赁合同、孵化协议等留存备查。

（5）2018 年 12 月 31 日以前认定的国家级科技企业孵化器，自 2019 年 1 月 1 日起享受财税〔2018〕120 号文件规定的税收优惠政策。2019 年 1 月 1 日以后认定的国家级、省级科技企业孵化器，自认定之日次月起享受财税〔2018〕120 号文件规定的税收优惠政策。2019 年 1 月 1 日以后被取消资格的，自取消资格之日次月起停止享受财税〔2018〕120 号文件规定的税收优惠政策。

【政策依据】

《财政部　税务总局　科技部　教育部关于科技企业孵化器　大学科技园和众创空间税收政策的通知》（财税〔2018〕120 号）

24. 国家级、省级科技企业孵化器免征城镇土地使用税

【享受主体】

国家级、省级科技企业孵化器。

【优惠内容】

自 2019 年 1 月 1 日至 2021 年 12 月 31 日，对国家级、省级科技企业孵化器自用以及无偿或通过出租等方式提供给在孵对象使用的土地，免征城镇土

地使用税。

【享受条件】

（1）国家级、省级科技企业孵化器应当单独核算孵化服务收入。

（2）国家级科技企业孵化器按照国务院科技、教育部门有关规定进行认定和管理，省级科技企业孵化器按照省级科技、教育部门有关规定进行认定和管理。

（3）在孵对象是指符合国务院科技、教育部门以及省级科技、教育部门发布的认定和管理办法规定的孵化企业、创业团队和个人。

（4）国家级、省级科技企业孵化器应按规定申报享受免税政策，并将房产土地权属资料、房产原值资料、房产土地租赁合同、孵化协议等留存备查。

（5）2018 年 12 月 31 日以前认定的国家级科技企业孵化器，自 2019 年 1 月 1 日起享受财税〔2018〕120 号文件规定的税收优惠政策。2019 年 1 月 1 日以后认定的国家级、省级科技企业孵化器，自认定之日次月起享受财税〔2018〕120 号文件规定的税收优惠政策。2019 年 1 月 1 日以后被取消资格的，自取消资格之日次月起停止享受财税〔2018〕120 号文件规定的税收优惠政策。

【政策依据】

《财政部　税务总局　科技部　教育部关于科技企业孵化器　大学科技园和众创空间税收政策的通知》（财税〔2018〕120 号）

25. 国家级、省级大学科技园向在孵对象提供孵化服务取得的收入免征增值税

【享受主体】

国家级、省级大学科技园。

【优惠内容】

（1）自 2019 年 1 月 1 日至 2021 年 12 月 31 日，对国家级、省级大学科技园向在孵对象提供孵化服务取得的收入，免征增值税。

（2）上述所称孵化服务是指为在孵对象提供的经纪代理、经营租赁、研发和技术、信息技术、鉴证咨询服务。

【享受条件】

（1）国家级、省级大学科技园应当单独核算孵化服务收入。

（2）国家级大学科技园按照国务院科技、教育部门有关规定进行认定和管理，省级大学科技园按照省级科技、教育部门有关规定进行认定和管理。

（3）在孵对象是指符合国务院科技、教育部门以及省级科技、教育部门发布的认定和管理办法规定的孵化企业、创业团队和个人。

（4）国家级、省级科技企业孵化器应按规定申报享受免税政策，并将房产土地租赁合同、孵化协议等留存备查。

（5）2018 年 12 月 31 日以前认定的国家级大学科技园，自 2019 年 1 月 1 日起享受财税〔2018〕120 号文件规定的税收优惠政策。2019 年 1 月 1 日以后认定的国家级、省级大学科技园，自认定之日次月起享受财税〔2018〕120 号文件规定的税收优惠政策。2019 年 1 月 1 日以后被取消资格的，自取消资格之日次月起停止享受财税〔2018〕120 号文件规定的税收优惠政策。

【政策依据】

《财政部　税务总局　科技部　教育部关于科技企业孵化器　大学科技园和众创空间税收政策的通知》（财税〔2018〕120 号）

26. 国家级、省级大学科技园免征房产税

【享受主体】

国家级、省级大学科技园。

【优惠内容】

自 2019 年 1 月 1 日至 2021 年 12 月 31 日，对国家级、省级大学科技园自用以及无偿或通过出租等方式提供给在孵对象使用的房产，免征房产税。

【享受条件】

（1）国家级、省级大学科技园应当单独核算孵化服务收入。

（2）国家级大学科技园按照国务院科技、教育部门有关规定进行认定和管理，省级大学科技园孵化器按照省级科技、教育部门有关规定进行认定和管理。

（3）在孵对象是指符合国务院科技、教育部门以及省级科技、教育部门发布的认定和管理办法规定的孵化企业、创业团队和个人。

（4）国家级、省级大学科技园应按规定申报享受免税政策，并将房产土地权属资料、房产原值资料、房产土地租赁合同、孵化协议等留存备查。

（5）2018 年 12 月 31 日以前认定的国家级大学科技园，自 2019 年 1 月 1 日起享受财税〔2018〕120 号文件规定的税收优惠政策。2019 年 1 月 1 日以

后认定的国家级、省级大学科技园，自认定之日次月起享受财税〔2018〕120号文件规定的税收优惠政策。2019年1月1日以后被取消资格的，自取消资格之日次月起停止享受财税〔2018〕120号文件规定的税收优惠政策。

【政策依据】

《财政部 税务总局 科技部 教育部关于科技企业孵化器 大学科技园和众创空间税收政策的通知》（财税〔2018〕120号）

27. 国家级、省级大学科技园免征城镇土地使用税

【享受主体】

国家级、省级大学科技园。

【优惠内容】

自2019年1月1日至2021年12月31日，对国家级、省级大学科技园自用以及无偿或通过出租等方式提供给在孵对象使用的土地，免征城镇土地使用税。

【享受条件】

（1）国家级、省级大学科技园应当单独核算孵化服务收入。

（2）国家级大学科技园按照国务院科技、教育部门有关规定进行认定和管理，省级大学科技园按照省级科技、教育部门有关规定进行认定和管理。

（3）在孵对象是指符合国务院科技、教育部门以及省级科技、教育部门发布的认定和管理办法规定的孵化企业、创业团队和个人。

（4）国家级、省级大学科技园应按规定申报享受免税政策，并将房产土地权属资料、房产原值资料、房产土地租赁合同、孵化协议等留存备查。

（5）2018年12月31日以前认定的国家级大学科技园，自2019年1月1日起享受财税〔2018〕120号文件规定的税收优惠政策。2019年1月1日以后认定的国家级、省级大学科技园，自认定之日次月起享受财税〔2018〕120号文件规定的税收优惠政策。2019年1月1日以后被取消资格的，自取消资格之日次月起停止享受财税〔2018〕120号文件规定的税收优惠政策。

【政策依据】

《财政部 税务总局 科技部 教育部关于科技企业孵化器 大学科技园和众创空间税收政策的通知》（财税〔2018〕120号）

28. 国家备案众创空间向在孵对象提供孵化服务取得的收入免征增值税

【享受主体】

国家备案众创空间。

【优惠内容】

（1）自2019年1月1日至2021年12月31日，对国家备案众创空间向在孵对象提供孵化服务取得的收入，免征增值税。

（2）上述所称孵化服务是指为在孵对象提供的经纪代理、经营租赁、研发和技术、信息技术、鉴证咨询服务。

【享受条件】

（1）国家备案众创空间应当单独核算孵化服务收入。

（2）国家备案众创空间按照国务院科技部门有关规定进行认定和管理。

（3）在孵对象是指符合国务院科技、教育部门发布的认定和管理办法规定的孵化企业、创业团队和个人。

（4）国家备案众创空间应按规定申报享受免税政策，并将房产土地租赁合同、孵化协议等留存备查。

（5）2019年1月1日以后认定的国家备案众创空间，自认定之日次月起享受财税〔2018〕120号文件规定的税收优惠政策。2019年1月1日以后被取消资格的，自取消资格之日次月起停止享受财税〔2018〕120号文件规定的税收优惠政策。

【政策依据】

《财政部　税务总局　科技部　教育部关于科技企业孵化器　大学科技园和众创空间税收政策的通知》（财税〔2018〕120号）

29. 国家备案众创空间免征房产税

【享受主体】

国家备案众创空间。

【优惠内容】

自2019年1月1日至2021年12月31日，对国家备案众创空间自用以及无偿或通过出租等方式提供给在孵对象使用的房产，免征房产税。

【享受条件】

（1）国家备案众创空间应当单独核算孵化服务收入。

（2）国家备案众创空间按照国务院科技、教育部门有关规定进行认定和管理。

（3）在孵对象是指符合国务院科技、教育部门以及省级科技、教育部门发布的认定和管理办法规定的孵化企业、创业团队和个人。

（4）国家备案众创空间应按规定申报享受免税政策，并将房产土地权属资料、房产原值资料、房产土地租赁合同、孵化协议等留存备查。

（5）2019 年 1 月 1 日以后认定的国家备案众创空间，自认定之日次月起享受财税〔2018〕120 号文件规定的税收优惠政策。2019 年 1 月 1 日以后被取消资格的，自取消资格之日次月起停止享受财税〔2018〕120 号文件规定的税收优惠政策。

【政策依据】

《财政部　税务总局　科技部　教育部关于科技企业孵化器　大学科技园和众创空间税收政策的通知》（财税〔2018〕120 号）

30. 国家备案众创空间免征城镇土地使用税

【享受主体】

国家备案众创空间。

【优惠内容】

自 2019 年 1 月 1 日至 2021 年 12 月 31 日，对国家备案众创空间自用以及无偿或通过出租等方式提供给在孵对象使用的土地，免征城镇土地使用税。

【享受条件】

（1）国家备案众创空间应当单独核算孵化服务收入。

（2）国家备案众创空间按照国务院科技、教育部门有关规定进行认定和管理。

（3）在孵对象是指符合国务院科技、教育部门以及省级科技、教育部门发布的认定和管理办法规定的孵化企业、创业团队和个人。

（4）国家备案众创空间应按规定申报享受免税政策，并将房产土地权属资料、房产原值资料、房产土地租赁合同、孵化协议等留存备查。

（5）2019 年 1 月 1 日以后认定的国家备案众创空间，自认定之日次月起享受财税〔2018〕120 号文件规定的税收优惠政策。2019 年 1 月 1 日以后被取消资格的，自取消资格之日次月起停止享受财税〔2018〕120号文件规定的税收优惠政策。

【政策依据】

《财政部 税务总局 科技部 教育部关于科技企业孵化器 大学科技园和众创空间税收政策的通知》（财税〔2018〕120号）

（四）对提供资金、非货币性资产投资助力的创投企业、金融机构等给予税收优惠

31. 创投企业投资未上市的中小高新技术企业按比例抵扣应纳税所得额

【享受主体】

创业投资企业。

【优惠内容】

自2018年1月1日起，创业投资企业采取股权投资方式投资于未上市的中小高新技术企业2年（24个月）以上的，可以按照其对中小高新技术企业投资额的70%在股权持有满2年的当年抵扣该创业投资企业的应纳税所得额；当年不足抵扣的，可以在以后纳税年度结转抵扣。

【享受条件】

（1）创业投资企业采取股权投资方式投资于未上市的中小高新技术企业2年（24个月）以上。

（2）创业投资企业是指依照《创业投资企业管理暂行办法》（国家发展和改革委员会等10部委令2005年第39号，以下简称《暂行办法》）和《外商投资创业投资企业管理规定》（商务部等5部委令2003年第2号）在中华人民共和国境内设立的专门从事创业投资活动的企业或其他经济组织。

（3）经营范围符合《暂行办法》规定，且工商登记为“创业投资有限责任公司”“创业投资股份有限公司”等专业性法人创业投资企业。

（4）按照《暂行办法》规定的条件和程序完成备案，经备案管理部门年度检查核实，投资运作符合《暂行办法》的有关规定。

（5）创业投资企业投资的中小高新技术企业，按照科技部、财政部、国家税务总局《关于印发〈高新技术企业认定管理办法〉的通知》（国科发火〔2008〕172号）和《关于印发〈高新技术企业认定管理工作指引〉的通知》

（国科发火〔2008〕362 号）的规定，通过高新技术企业认定；同时，职工人数不超过 500 人，年销售（营业）额不超过 2 亿元，资产总额不超过 2 亿元。

（6）财政部、国家税务总局规定的其他条件。

【政策依据】

（1）《中华人民共和国企业所得税法》第三十一条

（2）《中华人民共和国企业所得税法实施条例》第九十七条

（3）《国家税务总局关于实施创业投资企业所得税优惠问题的通知》（国税发〔2009〕87 号）

32. 有限合伙制创业投资企业法人合伙人投资未上市的中小高新技术企业按比例抵扣应纳税所得额

【享受主体】

有限合伙制创业投资企业的法人合伙人。

【优惠内容】

自 2015 年 10 月 1 日起，有限合伙制创业投资企业采取股权投资方式投资于未上市的中小高新技术企业满 2 年（24 个月）的，该投资企业的法人合伙人可按照其对未上市中小高新技术企业投资额的 70% 抵扣该法人合伙人从该投资企业分得的应纳税所得额，当年不足抵扣的，可以在以后纳税年度结转抵扣。

有限合伙制创业投资企业的法人合伙人对未上市中小高新技术企业的投资额，按照有限合伙制创业投资企业对中小高新技术企业的投资额和合伙协议约定的法人合伙人占有限合伙制创业投资企业的出资比例计算确定。

【享受条件】

（1）有限合伙制创业投资企业是指依照《中华人民共和国合伙企业法》《创业投资企业管理暂行办法》（国家发展和改革委员会令第 39 号）和《外商投资创业投资企业管理规定》（外经贸部、科技部、工商总局、税务总局、外汇管理局令 2003 年第 2 号）设立的专门从事创业投资活动的有限合伙企业。

（2）有限合伙制创业投资企业的法人合伙人，是指依照《中华人民共和国企业所得税法》及其实施条例以及相关规定，实行查账征收企业所得税的居民企业。

（3）有限合伙制创业投资企业采取股权投资方式投资于未上市的中小高

新技术企业满 2 年（24 个月），即 2015 年 10 月 1 日起，有限合伙制创业投资企业投资于未上市中小高新技术企业的实缴投资满 2 年，同时，法人合伙人对该有限合伙制创业投资企业的实缴出资也应满 2 年。

（4）创业投资企业投资的中小高新技术企业，按照科技部、财政部、国家税务总局《关于印发〈高新技术企业认定管理办法〉的通知》（国科发火〔2008〕172 号）和《关于印发〈高新技术企业认定管理工作指引〉的通知》（国科发火〔2008〕362 号）的规定，通过高新技术企业认定；同时，职工人数不超过 500 人，年销售（营业）额不超过 2 亿元，资产总额不超过 2 亿元。

（5）有限合伙制创业投资企业应纳税所得额的确定及分配应按照《财政部　国家税务总局关于合伙企业合伙人所得税问题的通知》（财税〔2008〕159 号）相关规定执行。

【政策依据】

（1）《财政部　国家税务总局关于将国家自主创新示范区有关税收试点政策推广到全国范围实施的通知》（财税〔2015〕116 号）第一条

（2）《国家税务总局关于有限合伙制创业投资企业法人合伙人企业所得税有关问题的公告》（国家税务总局公告 2015 年第 81 号）

（3）《国家税务总局关于实施创业投资企业所得税优惠问题的通知》（国税发〔2009〕87 号）

33. 公司制创投企业投资初创科技型企业按比例抵扣应纳税所得额

【享受主体】

公司制创业投资企业。

【优惠内容】

自 2018 年 1 月 1 日起，公司制创业投资企业采取股权投资方式直接投资于种子期、初创期科技型企业（以下简称“初创科技型企业”）满 2 年（24 个月）的，可以按照投资额的 70% 在股权持有满 2 年的当年抵扣该公司制创业投资企业的应纳税所得额；当年不足抵扣的，可以在以后纳税年度结转抵扣。

【享受条件】

（1）创业投资企业，应同时符合以下条件：

①在中国境内（不含港、澳、台地区）注册成立、实行查账征收的居民企业或合伙创投企业，且不属于被投资初创科技型企业的发起人；

②符合《创业投资企业管理暂行办法》（发展改革委等10部门令第39号）规定或者《私募投资基金监督管理暂行办法》（证监会令第105号）关于创业投资基金的特别规定，按照上述规定完成备案且规范运作；

③投资后2年内，创业投资企业及其关联方持有被投资初创科技型企业的股权比例合计应低于50%。

（2）初创科技型企业，应同时符合以下条件：

①在中国境内（不包括港、澳、台地区，下同）注册成立、实行查账征收的居民企业；

②接受投资时，从业人数不超过300人，其中具有大学本科以上学历的从业人数不低于30%；资产总额和年销售收入均不超过5 000万元；

③接受投资时设立时间不超过5年（60个月）；

④接受投资时以及接受投资后2年内未在境内外证券交易所上市；

⑤接受投资当年及下一纳税年度，研发费用总额占成本费用支出的比例不低于20%。

（3）股权投资，仅限于通过向被投资初创科技型企业直接支付现金方式取得的股权投资，不包括受让其他股东的存量股权。

【政策依据】

（1）《财政部　税务总局关于创业投资企业和天使投资个人有关税收政策的通知》（财税〔2018〕55号）第一条、第二条

（2）国家税务总局关于创业投资企业和天使投资个人税收政策有关问题的公告（国家税务总局公告2018年第43号）

（3）《财政部　税务总局关于实施小微企业普惠性税收减免政策的通知》（财税〔2019〕13号）第五条

34. 有限合伙制创业投资企业法人合伙人投资初创科技型企业按比例抵扣应纳税所得额

【享受主体】

有限合伙制创业投资企业法人合伙人。

【优惠内容】

自2018年1月1日起，有限合伙制创业投资企业采取股权投资方式直接投资于初创科技型企业满2年（24个月）的，法人合伙人可以按照对初创科技型企业投资额的70%抵扣法人合伙人从合伙创投企业分得的所得；当年不

足抵扣的，可以在以后纳税年度结转抵扣。

【享受条件】

（1）创业投资企业，应同时符合以下条件：

①在中国境内（不含港、澳、台地区）注册成立、实行查账征收的居民企业或合伙创投企业，且不属于被投资初创科技型企业的发起人；

②符合《创业投资企业管理暂行办法》（发展改革委等10部门令第39号）规定或者《私募投资基金监督管理暂行办法》（证监会令第105号）关于创业投资基金的特别规定，按照上述规定完成备案且规范运作；

③投资后2年内，创业投资企业及其关联方持有被投资初创科技型企业的股权比例合计应低于50%。

（2）初创科技型企业，应同时符合以下条件：

①在中国境内（不包括港、澳、台地区，下同）注册成立、实行查账征收的居民企业；

②接受投资时，从业人数不超过300人，其中具有大学本科以上学历的从业人数不低于30%；资产总额和年销售收入均不超过5 000万元；

③接受投资时设立时间不超过5年（60个月）；

④接受投资时以及接受投资后2年内未在境内外证券交易所上市；

⑤接受投资当年及下一纳税年度，研发费用总额占成本费用支出的比例不低于20%。

（3）股权投资，仅限于通过向被投资初创科技型企业直接支付现金方式取得的股权投资，不包括受让其他股东的存量股权。

【政策依据】

（1）《财政部　税务总局关于创业投资企业和天使投资个人有关税收政策的通知》（财税〔2018〕55号）第一条、第二条

（2）《国家税务总局关于创业投资企业和天使投资个人税收政策有关问题的公告》（国家税务总局公告2018年第43号）

（3）《财政部　税务总局关于实施小微企业普惠性税收减免政策的通知》（财税〔2019〕13号）第五条

35. 有限合伙制创业投资企业个人合伙人投资初创科技型企业按比例抵扣应纳税所得额

【优惠内容】

自2018年1月1日起，有限合伙制创业投资企业采取股权投资方式直接投资于初创科技型企业满2年（24个月）的，个人合伙人可以按照对初创科技型企业投资额的70%抵扣个人合伙人从合伙创投企业分得的经营所得；当年不足抵扣的，可以在以后纳税年度结转抵扣。

【享受条件】

（1）创业投资企业，应同时符合以下条件：

①在中国境内（不含港、澳、台地区）注册成立、实行查账征收的居民企业或合伙创投企业，且不属于被投资初创科技型企业的发起人；

②符合《创业投资企业管理暂行办法》（发展改革委等10部门令第39号）规定或者《私募投资基金监督管理暂行办法》（证监会令第105号）关于创业投资基金的特别规定，按照上述规定完成备案且规范运作；

③投资后2年内，创业投资企业及其关联方持有被投资初创科技型企业的股权比例合计应低于50%。

（2）初创科技型企业，应同时符合以下条件：

①在中国境内（不包括港、澳、台地区，下同）注册成立、实行查账征收的居民企业；

②接受投资时，从业人数不超过300人，其中具有大学本科以上学历的从业人数不低于30%；资产总额和年销售收入均不超过5 000万元；

③接受投资时设立时间不超过5年（60个月）；

④接受投资时以及接受投资后2年内未在境内外证券交易所上市；

⑤接受投资当年及下一纳税年度，研发费用总额占成本费用支出的比例不低于20%。

（3）股权投资，仅限于通过向被投资初创科技型企业直接支付现金方式取得的股权投资，不包括受让其他股东的存量股权。

【政策依据】

（1）《财政部　税务总局关于创业投资企业和天使投资个人有关税收政策的通知》（财税〔2018〕55号）第一条、第二条

（2）《国家税务总局关于创业投资企业和天使投资个人税收政策有关问题的公告》（国家税务总局公告2018年第43号）

（3）《财政部　税务总局关于实施小微企业普惠性税收减免政策的通知》（财税〔2019〕13号）第五条

36. 天使投资人投资初创科技型企业按比例抵扣应纳税所得额

【享受主体】

天使投资人。

【优惠内容】

自2018年7月1日起，天使投资个人采取股权投资方式直接投资于初创科技型企业满2年的，可以按照投资额的70%抵扣转让该初创科技型企业股权取得的应纳税所得额；当期不足抵扣的，可以在以后取得转让该初创科技型企业股权的应纳税所得额时结转抵扣。天使投资个人投资多个初创科技型企业的，对其中办理注销清算的初创科技型企业，天使投资个人对其投资额的70%尚未抵扣完的，可自注销清算之日起36个月内抵扣天使投资个人转让其他初创科技型企业股权取得的应纳税所得额。

【享受条件】

（1）天使投资个人，应同时符合以下条件：

①不属于被投资初创科技型企业的发起人、雇员或其亲属（包括配偶、父母、子女、祖父母、外祖父母、孙子女、外孙子女、兄弟姐妹，下同），且与被投资初创科技型企业不存在劳务派遣等关系；

②投资后2年内，本人及其亲属持有被投资初创科技型企业股权比例合计应低于50%。

（2）初创科技型企业，应同时符合以下条件：

①在中国境内（不包括港、澳、台地区，下同）注册成立、实行查账征收的居民企业；

②接受投资时，从业人数不超过300人，其中具有大学本科以上学历的从业人数不低于30%；资产总额和年销售收入均不超过5 000万元；

③接受投资时设立时间不超过5年（60个月）；

④接受投资时以及接受投资后2年内未在境内外证券交易所上市；

⑤接受投资当年及下一纳税年度，研发费用总额占成本费用支出的比例不低于20%。

（3）股权投资，仅限于通过向被投资初创科技型企业直接支付现金方式取得的股权投资，不包括受让其他股东的存量股权。

【政策依据】

（1）《财政部　税务总局关于创业投资企业和天使投资个人有关税收政策

的通知》（财税〔2018〕55号）第一条、第二条

（2）《国家税务总局关于创业投资企业和天使投资个人税收政策有关问题的公告》（国家税务总局公告2018年第43号）

（3）《财政部 税务总局关于实施小微企业普惠性税收减免政策的通知》（财税〔2019〕13号）第五条

37. 以非货币性资产对外投资确认的非货币性资产转让所得分期缴纳企业所得税

【享受主体】

以非货币性资产对外投资的居民企业。

【优惠内容】

可自确认非货币性资产转让收入年度起不超过连续5个纳税年度的期间内，非货币性资产转让所得分期均匀计入相应年度的应纳税所得额，按规定计算缴纳企业所得税。

【享受条件】

（1）企业以非货币性资产对外投资，应于投资协议生效并办理股权登记手续时，确认非货币性资产转让收入的实现，应对非货币性资产进行评估并按评估后的公允价值扣除计税基础后的余额，计算确认非货币性资产转让所得。

（2）企业以非货币性资产对外投资而取得被投资企业的股权，应以非货币性资产的原计税成本为计税基础，加上每年确认的非货币性资产转让所得，逐年进行调整。

（3）被投资企业取得非货币性资产的计税基础，应按非货币性资产的公允价值确定。

（4）企业在对外投资5年内转让上述股权或投资收回的，应停止执行递延纳税政策，并就递延期内尚未确认的非货币性资产转让所得，在转让股权或投资收回当年的企业所得税年度汇算清缴时，一次性计算缴纳企业所得税。

（5）企业在对外投资5年内注销的，应停止执行递延纳税政策，并就递延期内尚未确认的非货币性资产转让所得，在注销当年的企业所得税年度汇算清缴时，一次性计算缴纳企业所得税。

（6）非货币性资产，是指现金、银行存款、应收账款、应收票据以及准备持有至到期的债券投资等货币性资产以外的资产。

（7）非货币性资产投资，限于以非货币性资产出资设立新的居民企业，或将非货币性资产注入现存的居民企业。

（8）享受政策的居民企业实行查账征收。

【政策依据】

（1）《财政部　国家税务总局关于非货币性资产投资企业所得税政策问题的通知》（财税〔2014〕116号）

（2）《国家税务总局关于非货币性资产投资企业所得税有关征管问题的公告》（国家税务总局公告2015年第33号）

38. 以非货币性资产对外投资确认的非货币性资产转让所得分期缴纳个人所得税

【享受主体】

以非货币性资产对外投资的个人。

【优惠内容】

对非货币资产转让所得应按“财产转让所得”缴纳个人所得税，一次性缴税有困难的，可合理确认分期缴纳计划并报主管税务机关备案后，在不超过5年期限内缴纳。

【享受条件】

（1）非货币性资产，是指现金、银行存款等货币性资产以外的资产，包括股权、不动产、技术发明成果以及其他形式的非货币性资产。

（2）非货币性资产投资，包括以非货币性资产出资设立新的企业，以及以非货币性资产出资参与企业增资扩股、定向增发股票、股权置换、重组改制等投资行为。

（3）个人以非货币性资产投资，应于非货币性资产转让、取得被投资企业股权时，确认非货币性资产转让收入的实现，应按评估后的公允价值确认非货币性资产转让收入。

（4）个人以非货币性资产投资交易过程中取得现金补价的，现金部分应优先用于缴税；现金不足以缴纳的部分，可分期缴纳。个人在分期缴税期间转让其持有的上述全部或部分股权，并取得现金收入的，该现金收入应优先用于缴纳尚未缴清的税款。

【政策依据】

（1）《财政部　国家税务总局关于个人非货币性资产投资有关个人所得税

政策的通知》（财税〔2015〕41 号）

（2）《国家税务总局关于个人非货币性资产投资有关个人所得税征管问题的公告》（国家税务总局公告 2015 年第 20 号）

39. 金融机构农户小额贷款利息收入所得税减计收入

【享受主体】

向农户发放小额贷款的金融机构。

【优惠内容】

自 2017 年 1 月 1 日至 2019 年 12 月 31 日，对金融机构农户小额贷款的利息收入，在计算应纳税所得额时，按 90% 计入收入总额。

【享受条件】

农户，是指长期（1 年以上）居住在乡镇（不包括城关镇）行政管理区域内的住户，还包括长期居住在城关镇所辖行政村范围内的住户和户口不在本地而在本地居住 1 年以上的住户，国有农场的职工和农村个体工商户。位于乡镇（不包括城关镇）行政管理区域内和在城关镇所辖行政村范围内的国有经济的机关、团体、学校、企事业单位的集体户；有本地户口，但举家外出谋生 1 年以上的住户，无论是否保留承包耕地均不属于农户。农户以户为统计单位，既可以从事农业生产经营，也可以从事非农业生产经营。农户贷款的判定应以贷款发放时的承贷主体是否属于农户为准。

小额贷款，是指单笔且该农户贷款余额总额在 10 万元（含本数）以下的贷款。

【政策依据】

《财政部　税务总局关于延续支持农村金融发展有关税收政策的通知》（财税〔2017〕44 号）第二条

40. 小额贷款公司农户小额贷款利息收入免征增值税

【享受主体】

经省级金融管理部门（金融办、局等）批准成立的小额贷款公司。

【优惠内容】

自 2017 年 1 月 1 日至 2019 年 12 月 31 日，对经省级金融管理部门（金融办、局等）批准成立的小额贷款公司取得的农户小额贷款利息收入，免征增值税。

【享受条件】

（1）农户，是指长期（1年以上）居住在乡镇（不包括城关镇）行政管理区域内的住户，还包括长期居住在城关镇所辖行政村范围内的住户和户口不在本地而在本地居住1年以上的住户，国有农场的职工和农村个体工商户。位于乡镇（不包括城关镇）行政管理区域内和在城关镇所辖行政村范围内的国有经济的机关、团体、学校、企事业单位的集体户；有本地户口，但举家外出谋生1年以上的住户，无论是否保留承包耕地均不属于农户。农户以户为统计单位，既可以从事农业生产经营，也可以从事非农业生产经营。农户贷款的判定应以贷款发放时的承贷主体是否属于农户为准。

（2）小额贷款，是指单笔且该农户贷款余额总额在10万元（含本数）以下的贷款。

【政策依据】

《财政部　税务总局关于小额贷款公司有关税收政策的通知》（财税〔2017〕48号）第一条、第四条

41. 小额贷款公司农户小额贷款利息收入所得税减计收入

【享受主体】

经省级金融管理部门（金融办、局等）批准成立的小额贷款公司。

【优惠内容】

自2017年1月1日至2019年12月31日，对经省级金融管理部门（金融办、局等）批准成立的小额贷款公司取得的农户小额贷款利息收入，在计算应纳税所得额时，按90%计入收入总额。

【享受条件】

（1）农户，是指长期（1年以上）居住在乡镇（不包括城关镇）行政管理区域内的住户，还包括长期居住在城关镇所辖行政村范围内的住户和户口不在本地而在本地居住1年以上的住户，国有农场的职工和农村个体工商户。位于乡镇（不包括城关镇）行政管理区域内和在城关镇所辖行政村范围内的国有经济的机关、团体、学校、企事业单位的集体户；有本地户口，但举家外出谋生1年以上的住户，无论是否保留承包耕地均不属于农户。农户以户为统计单位，既可以从事农业生产经营，也可以从事非农业生产经营。农户贷款的判定应以贷款发放时的承贷主体是否属于农户为准。

（2）小额贷款，是指单笔且该农户贷款余额总额在10万元（含本数）以下的贷款。

【政策依据】

《财政部 税务总局关于小额贷款公司有关税收政策的通知》（财税〔2017〕48号）第二条、第四条

42. 金融机构向农户、小微企业及个体工商户小额贷款利息收入免征增值税

【享受主体】

向农户、小型企业、微型企业及个体工商户发放小额贷款的金融机构。

【优惠内容】

（1）自2017年12月1日至2019年12月31日，对金融机构向农户、小型企业、微型企业及个体工商户发放小额贷款取得的利息收入，免征增值税。上述小额贷款，是指单户授信小于100万元（含本数）的农户、小型企业、微型企业或个体工商户贷款；没有授信额度的，是指单户贷款合同金额且贷款余额在100万元（含本数）以下的贷款。

（2）自2018年9月1日至2020年12月31日，对金融机构向小型企业、微型企业和个体工商户发放小额贷款取得的利息收入，免征增值税。上述小额贷款，是指单户授信小于1 000万元（含本数）的小型企业、微型企业或个体工商户贷款；没有授信额度的，是指单户贷款合同金额且贷款余额在1 000万元（含本数）以下的贷款。

【享受条件】

（1）小型企业、微型企业，是指符合《中小企业划型标准规定》（工信部联企业〔2011〕300号）的小型企业和微型企业。其中，资产总额和从业人员指标均以贷款发放时的实际状态确定，营业收入指标以贷款发放前12个自然月的累计数确定，不满12个自然月的，按照以下公式计算：

营业收入（年）=企业实际存续期间营业收入/企业实际存续月数×12

（2）适用“优惠内容”第2条规定的金融机构需符合以下条件：

金融机构，是指经人民银行、银保监会批准成立的已通过监管部门上一年度“两增两控”考核的机构，以及经人民银行、银保监会、证监会批准成立的开发银行及政策性银行、外资银行和非银行业金融机构。

“两增两控”是指单户授信总额1 000万元以下（含）小微企业贷款同比

增速不低于各项贷款同比增速，有贷款余额的户数不低于上年同期水平，合理控制小微企业贷款资产质量水平和贷款综合成本（包括利率和贷款相关的银行服务收费）水平。金融机构完成“两增两控”情况，以银保监会及其派出机构考核结果为准。

（3）金融机构可以选择以下两种方法之一适用免税：

①对金融机构向小型企业、微型企业和个体工商户发放的，利率水平不高于人民银行同期贷款基准利率150%（含本数）的单笔小额贷款取得的利息收入，免征增值税；高于人民银行同期贷款基准利率150%的单笔小额贷款取得的利息收入，按照现行政策规定缴纳增值税。

②对金融机构向小型企业、微型企业和个体工商户发放单笔小额贷款取得的利息收入中，不高于该笔贷款按照人民银行同期贷款基准利率150%（含本数）计算的利息收入部分，免征增值税；超过部分按照现行政策规定缴纳增值税。

金融机构可按会计年度在以上两种方法之间选定其一作为该年的免税适用方法，一经选定，该会计年度内不得变更。

【政策依据】

（1）《财政部　税务总局关于支持小微企业融资有关税收政策的通知》（财税〔2017〕77号）第一条、第三条

（2）《财政部　税务总局关于金融机构小微企业贷款利息收入免征增值税政策的通知》（财税〔2018〕91号）

（3）《工业和信息化部　国家统计局　国家发展和改革委员会　财政部关于印发中小企业划型标准规定的通知》（工信部联企业〔2011〕300号）

43. 向农户、小微企业及个体工商户提供融资担保及再担保服务收入免征增值税

【享受主体】

为农户、小型企业、微型企业及个体工商户借款、发行债券提供融资担保服务，以及为上述融资担保（以下简称“原担保”）提供再担保服务的纳税人。

【优惠内容】

自2018年1月1日至2019年12月31日，上述主体为农户、小型企业、微型企业及个体工商户借款、发行债券提供融资担保取得的担保费收入，以

及为原担保提供再担保取得的再担保费收入，免征增值税。

【享受条件】

（1）农户，是指长期（1年以上）居住在乡镇（不包括城关镇）行政管理区域内的住户，还包括长期居住在城关镇所辖行政村范围内的住户和户口不在本地而在本地居住1年以上的住户，国有农场的职工。位于乡镇（不包括城关镇）行政管理区域内和在城关镇所辖行政村范围内的国有经济的机关、团体、学校、企事业单位的集体户；有本地户口，但举家外出谋生1年以上的住户，无论是否保留承包耕地均不属于农户。农户以户为统计单位，既可以从事农业生产经营，也可以从事非农业生产经营。农户担保、再担保的判定应以原担保生效时的被担保人是否属于农户为准。

（2）小型企业、微型企业，是指符合《中小企业划型标准规定》（工信部联企业〔2011〕300号）的小型企业和微型企业。其中，资产总额和从业人员指标均以原担保生效时的实际状态确定；营业收入指标以原担保生效前12个自然月的累计数确定，不满12个自然月的，按照以下公式计算：

营业收入（年）=企业实际存续期间营业收入/企业实际存续月数×12

（3）再担保合同对应多个原担保合同的，原担保合同应全部适用免征增值税政策。否则，再担保合同应按规定缴纳增值税。

（4）纳税人应将相关免税证明材料留存备查，单独核算符合免税条件的融资担保费和再担保费收入，按现行规定向主管税务机关办理纳税申报；未单独核算的，不得免征增值税。

【政策依据】

（1）《财政部　税务总局关于租入固定资产进项税额抵扣等增值税政策的通知》（财税〔2017〕90号）第六条

（2）《工业和信息化部　国家统计局　国家发展和改革委员会　财政部关于印发中小企业划型标准规定的通知》（工信部联企业〔2011〕300号）

44. 金融机构与小型微型企业签订借款合同免征印花税

【享受主体】

金融机构和小型微型企业。

【优惠内容】

自2018年1月1日至2020年12月31日，对金融机构与小型企业、微型企业签订的借款合同免征印花税。

【享受条件】

小型企业、微型企业，是指符合《中小企业划型标准规定》（工信部联企业〔2011〕300号）的小型企业和微型企业。其中，资产总额和从业人员指标均以贷款发放时的实际状态确定；营业收入指标以贷款发放前12个自然月的累计数确定，不满12个自然月的，按照以下公式计算：

营业收入（年）=企业实际存续期间营业收入/企业实际存续月数×12

【政策依据】

（1）《财政部 税务总局关于支持小微企业融资有关税收政策的通知》（财税〔2017〕77号）第二条、第三条

（2）《工业和信息化部 国家统计局 国家发展和改革委员会 财政部关于印发中小企业划型标准规定的通知》（工信部联企业〔2011〕300号）

45. 账簿印花税减免

【享受主体】

所有企业。

【优惠内容】

自2018年5月1日起，对按万分之五税率贴花的资金账簿减半征收印花税，对按件贴花五元的其他账簿免征印花税。

【享受条件】

无

【政策依据】

《财政部 税务总局关于对营业账簿减免印花税的通知》（财税〔2018〕50号）

二、企业成长期税收优惠

（一）研发费用加计扣除政策

46. 研发费用加计扣除

【享受主体】

会计核算健全、实行查账征收并能够准确归集研发费用的居民企业。

不适用税前加计扣除政策的行业	不适用税前加计扣除政策的活动
（1）烟草制造业	（1）企业产品（服务）的常规性升级
（2）住宿和餐饮业	（2）对某项科研成果的直接应用，如直接采用公开的新工艺、材料、装置、产品、服务或知识等
（3）批发和零售业	（3）企业在商品化后为顾客提供的技术支持活动
（4）房地产业	（4）对现存产品、服务、技术、材料或工艺流程进行的重复或简单改变
（5）租赁和商务服务业	（5）市场调查研究、效率调查或管理研究
（6）娱乐业	（6）作为工业（服务）流程环节或常规的质量控制、测试分析、维修维护
（7）财政部和国家税务总局规定的其他行业	（7）社会科学、艺术或人文学方面的研究
备注：上述行业以《国民经济行业分类与代码（GB/4 754－2011）》为准，并随之更新	

【优惠内容】

（1）2018 年 1 月 1 日至 2020 年 12 月 31 日期间，企业开展研发活动中实际发生的研发费用，未形成无形资产计入当期损益的，在按规定据实扣除的基础上，按照实际发生额的 75%，在税前加计扣除。

（2）2018 年 1 月 1 日至 2020 年 12 月 31 日期间，企业开展研发活动中实际发生的研发费用形成无形资产的，按照无形资产成本的 175% 在税前摊销。

【享受条件】

（1）企业应按照财务会计制度要求，对研发支出进行会计处理；同时，对享受加计扣除的研发费用按研发项目设置辅助账，准确归集核算当年可加计扣除的各项研发费用实际发生额。企业在一个纳税年度内进行多项研发活动的，应按照不同研发项目分别归集可加计扣除的研发费用。

（2）企业应对研发费用和生产经营费用分别核算，准确、合理归集各项费用支出，对划分不清的，不得实行加计扣除。

（3）企业委托外部机构或个人进行研发活动所发生的费用，按照费用实际发生额的80%计入委托方研发费用并计算加计扣除。无论委托方是否享受研发费用税前加计扣除政策，受托方均不得加计扣除。

委托外部研究开发费用实际发生额应按照独立交易原则确定。委托方与受托方存在关联关系的，受托方应向委托方提供研发项目费用支出明细情况。

（4）企业共同合作开发的项目，由合作各方就自身实际承担的研发费用分别计算加计扣除。

（5）企业集团根据生产经营和科技开发的实际情况，对技术要求高、投资数额大，需要集中研发的项目，其实际发生的研发费用，可以按照权利和义务相一致、费用支出和收益分享相配比的原则，合理确定研发费用的分摊方法，在受益成员企业间进行分摊，由相关成员企业分别计算加计扣除。

（6）企业为获得创新性、创意性、突破性的产品进行创意设计活动而发生的相关费用，可按照规定进行税前加计扣除。

【政策依据】

（1）《中华人民共和国企业所得税法》第三十条第（一）项

（2）《中华人民共和国企业所得税法实施条例》第九十五条

（3）《财政部 国家税务总局 科技部关于完善研究开发费用税前加计扣除政策的通知》（财税〔2015〕119号）

（4）《国家税务总局关于企业研究开发费用税前加计扣除政策有关问题的公告》（国家税务总局公告2015年第97号）

（5）《国家税务总局于研发费用税前加计扣除归集范围有关问题的公告》（国家税务总局公告2017年第40号）

（6）《财政部 税务总局 科技部关于提高研究开发费用税前加计扣除比例的通知》（财税〔2018〕99号）

47. 委托境外研发费用加计扣除

【享受主体】

会计核算健全、实行查账征收并能够准确归集研发费用的居民企业。

【优惠内容】

委托境外进行研发活动所发生的费用，按照费用实际发生额的80%计入委托方的委托境外研发费用。委托境外研发费用不超过境内符合条件的研发费用三分之二的部分，可以按规定在企业所得税前加计扣除。

【享受条件】

(1) 上述费用实际发生额应按照独立交易原则确定。委托方与受托方存在关联关系的，受托方应向委托方提供研发项目费用支出明细情况。

(2) 委托境外进行研发活动应签订技术开发合同，并由委托方到科技行政主管部门进行登记。相关事项按技术合同认定登记管理办法及技术合同认定规则执行。

(3) 委托境外进行研发活动不包括委托境外个人进行的研发活动。

【政策依据】

(1)《财政部　国家税务总局　科技部关于完善研究开发费用税前加计扣除政策的通知》(财税〔2015〕119号)

(2)《国家税务总局关于企业研究开发费用税前加计扣除政策有关问题的公告》(国家税务总局公告2015年第97号)

(3)《财政部　税务总局　科技部关于企业委托境外研究开发费用税前加计扣除有关政策问题的通知》(财税〔2018〕64号)

(4)《财政部　税务总局关于提高研究开发费用税前加计扣除比例的通知》(财税〔2018〕99号)

(二) 固定资产加速折旧政策

48. 固定资产加速折旧或一次性扣除

【享受主体】

所有行业企业。

【优惠内容】

（1）企业 2014 年 1 月 1 日后新购进的专门用于研发的仪器、设备，单位价值不超过 100 万元的，允许一次性计入当期成本费用在计算应纳税所得额时扣除，不再分年度计算折旧；单位价值超过 100 万元的，可缩短折旧年限或采取加速折旧的方法。缩短折旧年限的，最低折旧年限不得低于企业所得税法实施条例第六十条规定折旧年限的 60%；采取加速折旧方法的，可采取双倍余额递减法或者年数总和法。

（2）企业持有的单位价值不超过 5 000 元的固定资产，允许一次性计入当期成本费用在计算应纳税所得额时扣除，不再分年度计算折旧。企业在 2013 年 12 月 31 日前持有的单位价值不超过 5 000 元的固定资产，其折余价值部分，2014 年 1 月 1 日以后可以一次性在计算应纳税所得额时扣除。

（3）企业在 2018 年 1 月 1 日至 2020 年 12 月 31 日期间新购进的设备、器具，单位价值不超过 500 万元的，允许一次性计入当期成本费用在计算应纳税所得额时扣除，不再分年度计算折旧；单位价值超过 500 万元的，仍按《企业所得税法实施条例》《财政部　国家税务总局关于完善固定资产加速折旧企业所得税政策的通知》（财税〔2014〕75 号）、《财政部　国家税务总局关于进一步完善固定资产加速折旧企业所得税政策的通知》（财税〔2015〕106 号）等相关规定执行。

【享受条件】

（1）前述第一项优惠中仪器、设备要专门用于研发，且单位价值不超过 100 万元。

（2）前述第二项优惠中固定资产单位价值不超过 5 000 元。

（3）前述第三项优惠中设备、器具是指除房屋、建筑物以外的固定资产，且单位价值不超过 500 万元。

【政策依据】

（1）《财政部　国家税务总局关于完善固定资产加速折旧企业所得税政策的通知》（财税〔2014〕75 号）

（2）《国家税务总局关于固定资产加速折旧税收政策有关问题的公告》（国家税务总局公告 2014 年第 64 号）

（3）《财政部　税务总局关于设备器具扣除有关企业所得税政策的通知》（财税〔2018〕54 号）

49. 制造业及部分服务业企业符合条件的仪器、设备加速折旧

【享受主体】

全部制造业领域及信息传输、软件和信息技术服务业企业。

【优惠内容】

（1）生物药品制造业，专用设备制造业，铁路、船舶、航空航天和其他运输设备制造业，计算机、通信和其他电子设备制造业，仪器仪表制造业，信息传输、软件和信息技术服务业等六个行业的企业 2014 年 1 月 1 日后新购进的固定资产，可缩短折旧年限或采取加速折旧的方法。

（2）轻工、纺织、机械、汽车等四个领域重点行业的企业 2015 年 1 月 1 日后新购进的固定资产，可由企业选择缩短折旧年限或采取加速折旧的方法。

（3）自 2019 年 1 月 1 日起，适用《财政部　国家税务总局关于完善固定资产加速折旧企业所得税政策的通知》（财税〔2014〕75 号）和《财政部　国家税务总局关于进一步完善固定资产加速折旧企业所得税政策的通知》（财税〔2015〕106 号）规定固定资产加速折旧优惠的行业范围，扩大至全部制造业领域。

（4）缩短折旧年限的，最低折旧年限不得低于企业所得税法实施条例第六十条规定折旧年限的 60%；采取加速折旧方法的，可采取双倍余额递减法或者年数总和法。

【享受条件】

制造业及软件和信息技术服务业按照国家统计局《国民经济行业分类与代码（GB/T4754－2017)》确定。今后国家有关部门更新国民经济行业分类与代码，从其规定。

【政策依据】

（1）《财政部　国家税务总局关于完善固定资产加速折旧企业所得税政策的通知》（财税〔2014〕75 号）

（2）《国家税务总局关于固定资产加速折旧税收政策有关问题的公告》（国家税务总局公告 2014 年第 64 号）

（3）《财政部　国家税务总局关于进一步完善固定资产加速折旧企业所得税政策的通知》（财税〔2015〕106 号）

（4）《国家税务总局关于进一步完善固定资产加速折旧企业所得税政策有

关问题的公告》（国家税务总局公告 2015 年第 68 号）

（5）《财政部　税务总局关于扩大固定资产加速折旧优惠政策适用范围的公告》（财政部　税务总局公告 2019 年第 66 号）

50. 制造业及部分服务业小型微利企业符合条件的仪器、设备加速折旧

【享受主体】

全部制造业领域、信息传输、软件和信息技术服务业的小型微利企业。

【优惠内容】

（1）生物药品制造业，专用设备制造业，铁路、船舶、航空航天和其他运输设备制造业，计算机、通信和其他电子设备制造业，仪器仪表制造业，信息传输、软件和信息技术服务业等六个行业的小型微利企业 2014 年 1 月 1 日后新购进的研发和生产经营共用的仪器、设备，单位价值超过 100 万元的，可缩短折旧年限或采取加速折旧的方法。

（2）轻工、纺织、机械、汽车等四个领域重点行业的小型微利企业 2015 年 1 月 1 日后新购进的研发和生产经营共用的仪器、设备，单位价值超过 100 万元的，可由企业选择缩短折旧年限或采取加速折旧的方法。

（3）自 2019 年 1 月 1 日起，适用《财政部　国家税务总局关于完善固定资产加速折旧企业所得税政策的通知》（财税〔2014〕75 号）和《财政部　国家税务总局关于进一步完善固定资产加速折旧企业所得税政策的通知》（财税〔2015〕106 号）规定固定资产加速折旧优惠的行业范围，扩大至全部制造业领域。

【享受条件】

小型微利企业为《财政部　税务总局关于实施小微企业普惠性税收减免政策的通知》（财税〔2019〕13 号）规定的小型微利企业。

【政策依据】

（1）《财政部　国家税务总局关于完善固定资产加速折旧企业所得税政策的通知》（财税〔2014〕75 号）

（2）《国家税务总局关于固定资产加速折旧税收政策有关问题的公告》（国家税务总局公告 2014 年第 64 号）

（3）《财政部　国家税务总局关于进一步完善固定资产加速折旧企业所得税政策的通知》（财税〔2015〕106 号）

（4）《国家税务总局关于进一步完善固定资产加速折旧企业所得税政策有关问题的公告》（国家税务总局公告 2015 年第 68 号）

（5）《财政部　税务总局关于实施小微企业普惠性税收减免政策的通知》（财税〔2019〕13 号）

（6）《财政部　税务总局关于扩大固定资产加速折旧优惠政策适用范围的公告》（财政部　税务总局公告 2019 年第 66 号）

（三）购买符合条件设备税收优惠

51. 重大技术装备进口免征增值税

【享受主体】

申请享受政策的企业一般应为从事开发、生产国家支持发展的重大技术装备或产品的制造企业（对于城市轨道交通、核电等领域承担重大技术装备自主化依托项目业主以及开发自用生产设备的企业，可申请享受该政策）。

【优惠内容】

符合规定条件的国内企业为生产《国家支持发展的重大技术装备和产品目录》所列装备或产品而确有必要进口《重大技术装备和产品进口关键零部件、原材料商品目录》所列商品，免征关税和进口环节增值税。

【享受条件】

（1）独立法人资格；

（2）具有较强的设计研发和生产制造能力；

（3）具备专业比较齐全的技术人员队伍；

（4）具有核心技术和自主知识产权；

（5）申请享受政策的重大技术装备应符合《国家支持发展的重大技术装备和产品目录》有关要求。

【政策依据】

《财政部　发展改革委　工业和信息化部　海关总署　税务总局　能源局关于调整重大技术装备进口税收政策有关目录的通知》（财关税〔2018〕42 号）

52. 科学研究机构、技术开发机构、学校等单位进口免征增值税、消费税

【享受主体】

（1）国务院部委、直属机构和省、自治区、直辖市、计划单列市所属从事科学研究工作的各类科研院所。

（2）国家承认学历的实施专科及以上高等学历教育的高等学校。

（3）国家发展改革委会同财政部、海关总署和国家税务总局核定的国家工程研究中心；国家发展改革委会同财政部、海关总署、国家税务总局和科技部核定的企业技术中心。

（4）科技部会同财政部、海关总署和国家税务总局核定的：①科技体制改革过程中转制为企业和进入企业的主要从事科学研究和技术开发工作的机构；②国家重点实验室及企业国家重点实验室；③国家工程技术研究中心。

（5）科技部会同民政部核定或者各省、自治区、直辖市、计划单列市及新疆生产建设兵团科技主管部门会同同级民政部门核定的科技类民办非企业单位。

（6）工业和信息化部会同财政部、海关总署、国家税务总局核定的国家中小企业公共服务示范平台（技术类）。

（7）各省、自治区、直辖市、计划单列市及新疆生产建设兵团商务主管部门会同同级财政、国税部门和外资研发中心所在地直属海关核定的外资研发中心。

（8）国家新闻出版广电总局批准的下列具有出版物进口许可的出版物进口单位：中国图书进出口（集团）总公司及其具有独立法人资格的子公司、中国经济图书进出口公司、中国教育图书进出口有限公司、北京中科进出口有限责任公司、中国科技资料进出口总公司、中国国际图书贸易集团有限公司。

（9）财政部会同有关部门核定的其他科学研究机构、技术开发机构、学校。

【优惠内容】

自 2016 年 1 月 1 日至 2020 年 12 月 31 日，对科学研究机构、技术开发机构、学校等单位进口国内不能生产或者性能不能满足需要的科学研究、科技开发和教学用品，免征进口关税和进口环节增值税、消费税；对出版物进口

单位为科研院所、学校进口用于科研、教学的图书、资料等，免征进口环节增值税。

【享受条件】

(1) 科学研究机构、技术开发机构、学校和出版物进口单位等是指：

①国务院部委、直属机构和省、自治区、直辖市、计划单列市所属从事科学研究工作的各类科研院所。

②国家承认学历的实施专科及以上高等学历教育的高等学校。

③国家发展改革委会同财政部、海关总署和国家税务总局核定的国家工程研究中心；国家发展改革委会同财政部、海关总署、国家税务总局和科技部核定的企业技术中心。

④科技部会同财政部、海关总署和国家税务总局核定的：A. 科技体制改革过程中转制为企业和进入企业的主要从事科学研究和技术开发工作的机构；B. 国家重点实验室及企业国家重点实验室；C. 国家工程技术研究中心。

⑤科技部会同民政部核定或者各省、自治区、直辖市、计划单列市及新疆生产建设兵团科技主管部门会同同级民政部门核定的科技类民办非企业单位。

⑥工业和信息化部会同财政部、海关总署、国家税务总局核定的国家中小企业公共服务示范平台（技术类）。

⑦各省、自治区、直辖市、计划单列市及新疆生产建设兵团商务主管部门会同同级财政、国税部门和外资研发中心所在地直属海关核定的外资研发中心。

⑧国家新闻出版广电总局批准的下列具有出版物进口许可的出版物进口单位：中国图书进出口（集团）总公司及其具有独立法人资格的子公司、中国经济图书进出口公司、中国教育图书进出口有限公司、北京中科进出口有限责任公司、中国科技资料进出口总公司、中国国际图书贸易集团有限公司。

⑨财政部会同有关部门核定的其他科学研究机构、技术开发机构、学校。

(2) 科学研究机构、技术开发机构、学校等单位进口的国内不能生产或者性能不能满足需要的科学研究、科技开发和教学用品（含出版物进口单位为科研院所、学校进口用于科研、教学的图书、资料等），列入了财政部会同海关总署、国家税务总局制定并发布的《进口科学研究、科技开发和教学用品免税清单》。

【政策依据】

(1)《财政部　海关总署　国家税务总局关于“十三五”期间支持科技

创新进口税收政策的通知》（财关税〔2016〕70号）

（2）《财政部　教育部　国家发展改革委　科技部　工业和信息化部　民政部　商务部　海关总署　国家税务总局　国家新闻出版广电总局关于支持科技创新进口税收政策管理办法的通知》（财关税〔2016〕71号）

（3）《财政部　海关总署　国家税务总局关于公布进口科学研究、科技开发和教学用品免税清单的通知》（财关税〔2016〕72号）

53. 民口科技重大专项项目进口免征增值税

【享受主体】

承担《国家中长期科学和技术发展规划纲要（2006—2020年）》中民口科技重大专项项目（课题）的企业和大专院校、科研院所等事业单位（以下简称项目承担单位）。

【优惠内容】

自2010年7月15日起，对项目承担单位使用中央财政拨款、地方财政资金、单位自筹资金以及其他渠道获得的资金进口项目（课题）所需国内不能生产的关键设备（含软件工具及技术）、零部件、原材料，免征进口关税和进口环节增值税。

【享受条件】

（1）申请享受本规定进口税收政策的项目承担单位应当具备以下条件：

①独立的法人资格；

②经科技重大专项领导小组批准承担重大专项任务。

（2）项目承担单位申请免税进口的设备、零部件、原材料应当符合以下要求：

①直接用于项目（课题）的科学研究、技术开发和应用，且进口数量在合理范围内；

②国内不能生产或者国产品性能不能满足要求的，且价值较高；

③申请免税进口设备的主要技术指标一般应优于当前实施的《国内投资项目不予免税的进口商品目录》所列设备。

（3）民口科技重大专项，包括核心电子器件、高端通用芯片及基础软件产品，极大规模集成电路制造装备及成套工艺，新一代宽带无线移动通信网，高档数控机床与基础制造装备，大型油气田及煤层气开发，大型先进压水堆及高温气冷堆核电站，水体污染控制与治理，转基因生物新品种培育，重大新药创制，艾滋病和病毒性肝炎等重大传染病防治。

【政策依据】

《财政部　科技部　国家发展改革委　海关总署　国家税务总局关于科技重大专项进口税收政策的通知》（财关税〔2010〕28号）

（四）科技成果转化税收优惠

54. 技术转让、技术开发和与之相关的技术咨询、技术服务免征增值税

【享受主体】

提供技术转让、技术开发和与之相关的技术咨询、技术服务的纳税人。

【优惠内容】

纳税人提供技术转让、技术开发和与之相关的技术咨询、技术服务免征增值税。

【享受条件】

（1）技术转让、技术开发，是指《销售服务、无形资产、不动产注释》中“转让技术”“研发服务”范围内的业务活动。技术咨询，是指就特定技术项目提供可行性论证、技术预测、专题技术调查、分析评价报告等业务活动。

（2）与技术转让、技术开发相关的技术咨询、技术服务，是指转让方（或者受托方）根据技术转让或者开发合同的规定，为帮助受让方（或者委托方）掌握所转让（或者委托开发）的技术，而提供的技术咨询、技术服务业务，且这部分技术咨询、技术服务的价款与技术转让或者技术开发的价款应当在同一张发票上开具。

（3）纳税人申请免征增值税时，须持技术转让、技术开发的书面合同，到纳税人所在地省级科技主管部门进行认定，并持有关的书面合同和科技主管部门审核意见证明文件报主管税务机关备查。

【政策依据】

《财政部　国家税务总局关于全面推开营业税改征增值税试点的通知》（财税〔2016〕36号）附件3《营业税改征增值税试点过渡政策的规定》第一条第（二十六）项

55. 技术转让所得减免企业所得税

【享受主体】

技术转让的居民企业。

【优惠内容】

一个纳税年度内，居民企业技术转让所得不超过500万元的部分，免征企业所得税；超过500万元的部分，减半征收企业所得税。

【享受条件】

（1）享受优惠的技术转让主体是企业所得税法规定的居民企业。

（2）技术转让的范围，包括专利（含国防专利）、计算机软件著作权、集成电路布图设计专有权、植物新品种权、生物医药新品种，以及财政部和国家税务总局确定的其他技术。其中，专利是指法律授予独占权的发明、实用新型以及非简单改变产品图案和形状的外观设计。

（3）技术转让，是指居民企业转让其拥有上述范围内技术的所有权，5年以上（含5年）全球独占许可使用权。

自2015年10月1日起，全国范围内的居民企业转让5年以上非独占许可使用权取得的技术转让所得，纳入享受企业所得税优惠的技术转让所得范围。

企业转让符合条件的5年以上非独占许可使用权的技术，限于其拥有所有权的技术。技术所有权的权属由国务院行政主管部门确定。其中，专利由国家知识产权局确定权属；国防专利由总装备部确定权属；计算机软件著作权由国家版权局确定权属；集成电路布图设计专有权由国家知识产权局确定权属；植物新品种权由农业部确定权属；生物医药新品种由国家食品药品监督管理总局确定权属。

（4）技术转让应签订技术转让合同。其中，境内的技术转让须经省级以上（含省级）科技部门认定登记，跨境的技术转让须经省级以上（含省级）商务部门认定登记，涉及财政经费支持产生技术的转让，需省级以上（含省级）科技部门审批。

【政策依据】

（1）《中华人民共和国企业所得税法》第二十七条第（四）项

（2）《中华人民共和国企业所得税法实施条例》第九十条

（3）《财政部　国家税务总局关于居民企业技术转让有关企业所得税政策问题的通知》（财税〔2010〕111号）

(4)《财政部　国家税务总局关于将国家自主创新示范区有关税收试点政策推广到全国范围实施的通知》(财税〔2015〕116号)第二条

(5)《国家税务总局关于技术转让所得减免企业所得税有关问题的公告》(国家税务总局公告2013年第62号)

(6)《国家税务总局关于许可使用权技术转让所得企业所得税有关问题的公告》(国家税务总局公告2015年第82号)

(五)科研机构创新人才税收优惠

56. 科研机构、高等学校股权奖励延期缴纳个人所得税

【享受主体】

获得科研机构、高等学校转化职务科技成果以股份或出资比例等股权形式给予奖励的个人。

【优惠内容】

自1999年7月1日起,科研机构、高等学校转化职务科技成果以股份或出资比例等股权形式给予个人奖励,获奖人在取得股份、出资比例时,暂不缴纳个人所得税;取得按股份、出资比例分红或转让股权、出资比例所得时,应依法缴纳个人所得税。

【享受条件】

个人获得科研机构、高等学校转化职务科技成果以股份或出资比例等股权形式给予的奖励。享受上述优惠政策的科技人员必须是科研机构和高等学校的在编正式职工。

【政策依据】

(1)《财政部　国家税务总局关于促进科技成果转化有关税收政策的通知》(财税字〔1999〕45号)第三条

(2)《国家税务总局关于促进科技成果转化有关个人所得税问题的通知》(国税发〔1999〕125号)

57. 高新技术企业技术人员股权奖励分期缴纳个人所得税

【享受主体】

高新技术企业的技术人员。

【优惠内容】

高新技术企业转化科技成果，给予本企业相关技术人员的股权奖励，个人一次缴纳税款有困难的，可根据实际情况自行制定分期缴税计划，在不超过5个公历年度内（含）分期缴纳，并将有关资料报主管税务机关备案。

【享受条件】

（1）实施股权激励的企业是查账征收和经省级高新技术企业认定管理机构认定的高新技术企业；

（2）必须是转化科技成果实施的股权奖励；

（3）相关技术人员，是指经公司董事会和股东大会决议批准获得股权奖励的以下两类人员：

①对企业科技成果研发和产业化做出突出贡献的技术人员，包括企业内关键职务科技成果的主要完成人、重大开发项目的负责人、对主导产品或者核心技术、工艺流程做出重大创新或者改进的主要技术人员。

②对企业发展做出突出贡献的经营管理人员，包括主持企业全面生产经营工作的高级管理人员，负责企业主要产品（服务）生产经营合计占主营业务收入（或者主营业务利润）50%以上的中、高级经营管理人员。

【政策依据】

（1）《财政部　国家税务总局关于将国家自主创新示范区有关税收试点政策推广到全国范围实施的通知》（财税〔2015〕116号）第四条

（2）《国家税务总局关于股权奖励和转增股本个人所得税征管问题的公告》（国家税务总局公告2015年第80号）第一条

58. 中小高新技术企业向个人股东转增股本分期缴纳个人所得税

【享受主体】

中小高新技术企业的个人股东。

【优惠内容】

中小高新技术企业以未分配利润、盈余公积、资本公积向个人股东转增股本时，个人股东一次缴纳个人所得税确有困难的，可根据实际情况自行制定分期缴税计划，在不超过5个公历年度内（含）分期缴纳，并将有关资料报主管税务机关备案。

【享受条件】

中小高新技术企业是在中国境内注册的实行查账征收的、经认定取得高新技术企业资格，且年销售额和资产总额均不超过2亿元、从业人数不超过500人的企业。

【政策依据】

(1)《财政部 国家税务总局关于将国家自主创新示范区有关税收试点政策推广到全国范围实施的通知》(财税〔2015〕116号）第三条

(2)《国家税务总局关于股权奖励和转增股本个人所得税征管问题的公告》(国家税务总局公告2015年第80号）第二条

59. 获得非上市公司股票期权、股权期权、限制性股票和股权奖励递延缴纳个人所得税

【享受主体】

获得符合条件的非上市公司的股票期权、股权期权、限制性股票和股权奖励的员工。

【优惠内容】

符合规定条件的，向主管税务机关备案，可实行递延纳税政策，即员工在取得股权激励时可暂不纳税，递延至转让该股权时纳税；股权转让时，按照股权转让收入减除股权取得成本以及合理税费后的差额，适用“财产转让所得”项目，按照20%的税率计算缴纳个人所得税。

【享受条件】

(1）属于境内居民企业的股权激励计划；

(2）股权激励计划经公司董事会、股东（大）会审议通过。未设股东（大）会的国有单位，经上级主管部门审核批准。股权激励计划应列明激励目的、对象、标的、有效期、各类价格的确定方法、激励对象获取权益的条件、程序等；

(3）激励标的应为境内居民企业的本公司股权。股权奖励的标的可以是技术成果投资入股到其他境内居民企业所取得的股权。激励标的股票（权）包括通过增发、大股东直接让渡以及法律法规允许的其他合理方式授予激励对象的股票（权）；

(4）激励对象应为公司董事会或股东（大）会决定的技术骨干和高级管理人员，激励对象人数累计不得超过本公司最近6个月在职职工平均人数的30%；

(5）股票（权）期权自授予日起应持有满3年，且自行权日起持有

满 1 年；限制性股票自授予日起应持有满 3 年，且解禁后持有满 1 年；股权奖励自获得奖励之日起应持有满 3 年。上述时间条件须在股权激励计划中列明；

(6) 股票（权）期权自授予日至行权日的时间不得超过 10 年；

(7) 实施股权奖励的公司及其奖励股权标的公司所属行业均不属于《股权奖励税收优惠政策限制性行业目录》范围（见附件）。公司所属行业按公司上一纳税年度主营业务收入占比最高的行业确定。

【政策依据】

(1)《财政部　国家税务总局关于完善股权激励和技术入股有关所得税政策的通知》（财税〔2016〕101 号）第一条

(2)《国家税务总局关于股权激励和技术入股所得税征管问题的公告》（国家税务总局公告 2016 年第 62 号）

60. 获得上市公司股票期权、限制性股票和股权奖励适当延长纳税期限

【享受主体】

获得上市公司授予股票期权、限制性股票和股权奖励的个人。

【优惠内容】

经向主管税务机关备案，个人可自股票期权行权、限制性股票解禁或取得股权奖励之日起，在不超过 12 个月的期限内缴纳个人所得税。

【享受条件】

获得上市公司授予股票期权、限制性股票和股权奖励。

【政策依据】

(1)《财政部　国家税务总局关于完善股权激励和技术入股有关所得税政策的通知》（财税〔2016〕101 号）第二条

(2)《国家税务总局关于股权激励和技术入股所得税征管问题的公告》（国家税务总局公告 2016 年第 62 号）

61. 企业以及个人以技术成果投资入股递延缴纳所得税

【享受主体】

以技术成果投资入股的企业或个人。

【优惠内容】

企业或个人以技术成果投资入股到境内居民企业，被投资企业支付的对价全部为股票（权）的，投资入股当期可暂不纳税，允许递延至转让股权时，按股权转让收入减去技术成果原值和合理税费后的差额计算缴纳所得税。

【享受条件】

(1) 技术成果是指专利技术（含国防专利）、计算机软件著作权、集成电路布图设计专有权、植物新品种权、生物医药新品种，以及科技部、财政部、国家税务总局确定的其他技术成果。

(2) 适用递延纳税政策的企业，为实行查账征收的居民企业且以技术成果所有权投资。

【政策依据】

(1)《财政部　国家税务总局关于完善股权激励和技术入股有关所得税政策的通知》(财税〔2016〕101 号) 第三条

(2)《国家税务总局关于股权激励和技术入股所得税征管问题的公告》(国家税务总局公告 2016 年第 62 号)

62. 由国家级、省部级以及国际组织对科技人员颁发的科技奖金免征个人所得税

【享受主体】

科技人员。

【优惠内容】

省级人民政府、国务院部委和中国人民解放军军以上单位，以及外国组织、国际组织颁发的科学、技术方面的奖金，免征个人所得税。

【享受条件】

科技奖金由国家级、省部级、解放军军以上单位以及外国组织、国际组织颁发。

【政策依据】

《中华人民共和国个人所得税法》第四条第一项

63. 职务科技成果转化现金奖励减免个人所得税

【享受主体】

科技人员。

【优惠内容】

依法批准设立的非营利性研究开发机构和高等学校根据《中华人民共和国促进科技成果转化法》规定，从职务科技成果转化收入中给予科技人员的现金奖励，可减按50%计入科技人员当月“工资、薪金所得”，依法缴纳个人所得税。

【享受条件】

（1）非营利性研究开发机构和高等学校，是指同时满足以下条件的科研机构和高校：

①根据《民办非企业单位登记管理暂行条例》在民政部门登记，并取得民办非企业单位登记证书。

②对于民办非营利性科研机构，其民办非企业单位登记证书记载的业务范围应属于“科学研究与技术开发、成果转让、科技咨询与服务、科技成果评估”范围。对业务范围存在争议的，由税务机关转请县级（含）以上科技行政主管部门确认。

对于民办非营利性高校，应取得教育主管部门颁发的“民办学校办学许可证”，“民办学校办学许可证”记载学校类型为“高等学校”。

③经认定取得企业所得税非营利组织免税资格。

（2）科技人员享受上述税收优惠政策，须同时符合以下条件：

①科技人员是指非营利性科研机构和高校中对完成或转化职务科技成果做出重要贡献的人员。非营利性科研机构和高校应按规定公示有关科技人员名单及相关信息（国防专利转化除外），具体公示办法由科技部会同财政部、税务总局制定。

②科技成果是指专利技术（含国防专利）、计算机软件著作权、集成电路布图设计专有权、植物新品种权、生物医药新品种，以及科技部、财政部、税务总局确定的其他技术成果。

③科技成果转化是指非营利性科研机构和高校向他人转让科技成果或者许可他人使用科技成果。现金奖励是指非营利性科研机构和高校在取得科技成果转化收入三年（36个月）内奖励给科技人员的现金。

④非营利性科研机构和高校转化科技成果，应当签订技术合同，并根据《技术合同认定登记管理办法》，在技术合同登记机构进行审核登记，并取得技术合同认定登记证明。

非营利性科研机构和高校应健全科技成果转化的资金核算，不得将正常工资、奖金等收入列入科技人员职务科技成果转化现金奖励享受税收优惠。

【政策依据】

《财政部　税务总局　科技部关于科技人员取得职务科技成果转化现金奖励有关个人所得税政策的通知》（财税〔2018〕58号）

三、企业成熟期税收优惠政策

（一）高新技术企业税收优惠

64. 高新技术企业减按15%税率征收企业所得税

【享受主体】

国家重点扶持的高新技术企业。

【优惠内容】

国家重点扶持的高新技术企业减按15%税率征收企业所得税。

【享受条件】

（1）高新技术企业是指在《国家重点支持的高新技术领域》内，持续进行研究开发与技术成果转化，形成企业核心自主知识产权，并以此为基础开展经营活动，在中国境内（不包括港、澳、台地区，下同）注册的居民企业。

（2）高新技术企业要经过各省（自治区、直辖市、计划单列市）科技行政管理部门同本级财政、税务部门组成的高新技术企业认定管理机构的认定。

（3）企业申请认定时须注册成立一年以上。

（4）企业通过自主研发、受让、受赠、并购等方式，获得对其主要产品（服务）在技术上发挥核心支持作用的知识产权的所有权。

（5）企业主要产品（服务）发挥核心支持作用的技术属于《国家重点支持的高新技术领域》规定的范围。

（6）企业从事研发和相关技术创新活动的科技人员占企业当年职工总数的比例不低于10%。

（7）企业近三个会计年度（实际经营期不满三年的按实际经营时间计

算）的研究开发费用总额占同期销售收入总额的比例符合相应要求。

（8）近一年高新技术产品（服务）收入占企业同期总收入的比例不低于60%。

（9）企业创新能力评价应达到相应要求。

（10）企业申请认定前一年内未发生重大安全、重大质量事故或严重环境违法行为。

【政策依据】

（1）《中华人民共和国企业所得税法》第二十八条第二款

（2）《中华人民共和国企业所得税法实施条例》第九十三条

（3）《财政部 国家税务总局关于高新技术企业境外所得适用税率及税收抵免问题的通知》（财税〔2011〕47号）

（4）《科技部 财政部 国家税务总局关于修订印发〈高新技术企业认定管理办法〉的通知》（国科发火〔2016〕32号）

（5）《科技部 财政部 国家税务总局关于修订印发〈高新技术企业认定管理工作指引〉的通知》（国科发火〔2016〕195号）

（6）《国家税务总局关于实施高新技术企业所得税优惠政策有关问题的公告》（国家税务总局公告2017年第24号）

65. 职工教育经费按照8%企业所得税税前扣除

【享受主体】

所有企业。

【优惠内容】

企业发生的职工教育经费支出，不超过工资薪金总额8%的部分，准予在计算企业所得税应纳税所得额时扣除；超过部分，准予在以后纳税年度结转扣除。

【享受条件】

发生职工教育经费支出。

【政策依据】

（1）《中华人民共和国企业所得税法实施条例》第四十二条

（2）《财政部 税务总局关于企业职工教育经费税前扣除政策的通知》（财税〔2018〕51号）

66. 高新技术企业和科技型中小企业亏损结转年限延长至10年

【享受主体】

高新技术企业和科技型中小企业。

【优惠内容】

自2018年1月1日起，当年具备高新技术企业或科技型中小企业资格（以下统称资格）的企业，其具备资格年度之前5个年度发生的尚未弥补完的亏损，准予结转以后年度弥补，最长结转年限由5年延长至10年。

【享受条件】

（1）高新技术企业，是指按照《科技部 财政部 国家税务总局关于修订印发〈高新技术企业认定管理办法〉的通知》（国科发火〔2016〕32号）规定认定的高新技术企业。

（2）科技型中小企业，是指按照《科技部 财政部 国家税务总局关于印发〈科技型中小企业评价办法〉的通知》（国科发政〔2017〕115号）规定取得科技型中小企业登记编号的企业。

【政策依据】

《财政部 税务总局关于延长高新技术企业和科技型中小企业亏损结转年限的通知》（财税〔2018〕76号）

67. 技术先进型服务企业减按15%税率征收企业所得税

【享受主体】

经认定的技术先进型服务企业。

【优惠内容】

经认定的技术先进型服务企业，减按15%的税率征收企业所得税。

【享受条件】

（1）技术先进型服务企业为在中国境内（不包括港、澳、台地区，下同）注册的法人企业。

（2）从事《技术先进型服务业务认定范围（试行）》中的一种或多种技术先进型服务业务，采用先进技术或具备较强的研发能力，其中服务贸易类技术先进型服务企业须满足的技术先进型服务业务领域范围按照《技术先进型服务业务领域范围（服务贸易类）》执行。

（3）具有大专以上学历的员工占企业职工总数的50%以上。

（4）从事《技术先进型服务业务认定范围（试行）》中的技术先进型服务业务取得的收入占企业当年总收入的50%以上，其中服务贸易类技术先进型服务企业从事《技术先进型服务业务领域范围（服务贸易类）》中的技术先进型服务业务取得的收入占企业当年总收入的50%以上。

（5）从事离岸服务外包业务取得的收入不低于企业当年总收入的35%。

【政策依据】

（1）《财政部　税务总局　商务部　科技部　国家发展改革委关于将技术先进型服务企业所得税政策推广至全国实施的通知》（财税〔2017〕79号）

（2）《财政部　税务总局　商务部　科技部　国家发展改革委关于将服务贸易创新发展试点地区技术先进型服务企业所得税政策推广至全国实施的通知》（财税〔2018〕44号）

（二）软件企业税收优惠

68. 软件产品增值税超税负即征即退

【享受主体】

自行开发生产销售软件产品（包括将进口软件产品进行本地化改造后对外销售）的增值税一般纳税人。

【优惠内容】

增值税一般纳税人销售其自行开发生产的软件产品，按17%（自2018年5月1日起，原适用17%税率的调整为16%；自2019年4月1日起，原适用16%税率的税率调整为13%）税率征收增值税后，对其增值税实际税负超过3%的部分实行即征即退政策。

【享受条件】

享受优惠政策的软件产品，需要满足以下条件：

（1）取得省级软件产业主管部门认可的软件检测机构出具的检测证明材料；

（2）取得软件产业主管部门颁发的软件产品登记证书或著作权行政管理部门颁发的计算机软件著作权登记证书。

【政策依据】

（1）《财政部　国家税务总局关于软件产品增值税政策的通知》（财税

〔2011〕100号）

（2）《财政部 税务总局关于调整增值税税率的通知》（财税〔2018〕32号）第一条

（3）《财政部 税务总局 海关总署关于深化增值税改革有关政策的公告》（财政部 税务总局 海关总署公告2019年第39号）第一条

69. 软件企业定期减免企业所得税

【享受主体】

依法成立且符合条件的软件企业。

【优惠内容】

依法成立且符合条件的软件企业，在2018年12月31日前自获利年度起计算优惠期，第一年至第二年免征企业所得税，第三年至第五年按照25%的法定税率减半征收企业所得税，并享受至期满为止。

【享受条件】

软件企业是指以软件产品开发销售（营业）为主营业务并同时符合下列条件的企业：

（1）在中国境内（不包括港、澳、台地区，下同）依法注册的居民企业。

（2）汇算清缴年度具有劳动合同关系且具有大学专科以上学历的职工人数占企业月平均职工总人数的比例不低于40%，其中研究开发人员占企业月平均职工总数的比例不低于20%。

（3）拥有核心关键技术，并以此为基础开展经营活动，且汇算清缴年度研究开发费用总额占企业销售（营业）收入总额的比例不低于6%；其中，企业在中国境内发生的研究开发费用金额占研究开发费用总额的比例不低于60%。

（4）汇算清缴年度软件产品开发销售（营业）收入占企业收入总额的比例不低于50%［嵌入式软件产品和信息系统集成产品开发销售（营业）收入占企业收入总额的比例不低于40%］，其中：软件产品自主开发销售（营业）收入占企业收入总额的比例不低于40%［嵌入式软件产品和信息系统集成产品开发销售（营业）收入占企业收入总额的比例不低于30%］。

（5）主营业务拥有自主知识产权。

（6）具有与软件开发相适应软硬件设施等开发环境（如合法的开发工具

等）。

（7）汇算清缴年度未发生重大安全、重大质量事故或严重环境违法行为。

【政策依据】

（1）《财政部　国家税务总局关于进一步鼓励软件产业和集成电路产业发展企业所得税政策的通知》（财税〔2012〕27号）第三条

（2）《财政部　国家税务总局　发展改革委　工业和信息化部关于软件和集成电路产业企业所得税优惠政策有关问题的通知》（财税〔2016〕49号）

（3）《财政部　税务总局关于集成电路设计和软件产业企业所得税政策的公告》（财政部　税务总局公告2019年第68号）

70. 国家规划布局内重点软件企业减按10%税率征收企业所得税

【享受主体】

国家规划布局内的重点软件企业。

【优惠内容】

符合条件的国家规划布局内的重点软件企业，如当年未享受免税优惠的，可减按10%的税率征收企业所得税。

【享受条件】

（1）软件企业是指以软件产品开发销售（营业）为主营业务并同时符合下列条件的企业：

①在中国境内（不包括港、澳、台地区，下同）依法注册的居民企业；

②汇算清缴年度具有劳动合同关系且具有大学专科以上学历的职工人数占企业月平均职工总人数的比例不低于40%，其中研究开发人员占企业月平均职工总数的比例不低于20%；

③拥有核心关键技术，并以此为基础开展经营活动，且汇算清缴年度研究开发费用总额占企业销售（营业）收入总额的比例不低于6%；其中，企业在中国境内发生的研究开发费用金额占研究开发费用总额的比例不低于60%；

④汇算清缴年度软件产品开发销售（营业）收入占企业收入总额的比例不低于50%［嵌入式软件产品和信息系统集成产品开发销售（营业）收入占企业收入总额的比例不低于40%］，其中：软件产品自主开发销售（营业）收入占企业收入总额的比例不低于40%［嵌入式软件产品和信息系统集成产品开发销售（营业）收入占企业收入总额的比例不低于30%］；

⑤主营业务拥有自主知识产权；

⑥具有与软件开发相适应软硬件设施等开发环境（如合法的开发工具等）；

⑦汇算清缴年度未发生重大安全、重大质量事故或严重环境违法行为。

（2）国家规划布局内重点软件企业除符合上述规定外，还应至少符合下列条件中的一项：

①汇算清缴年度软件产品开发销售（营业）收入不低于2亿元，应纳税所得额不低于1 000万元，研究开发人员占企业月平均职工总数的比例不低于25%；

②在国家规定的重点软件领域内，汇算清缴年度软件产品开发销售（营业）收入不低于5 000万元，应纳税所得额不低于250万元，研究开发人员占企业月平均职工总数的比例不低于25%，企业在中国境内发生的研究开发费用金额占研究开发费用总额的比例不低于70%；

③汇算清缴年度软件出口收入总额不低于800万美元，软件出口收入总额占本企业年度收入总额比例不低于50%，研究开发人员占企业月平均职工总数的比例不低于25%。

【政策依据】

（1）《财政部　国家税务总局关于进一步鼓励软件产业和集成电路产业发展企业所得税政策的通知》（财税〔2012〕27号）第四条

（2）《财政部　国家税务总局　发展改革委　工业和信息化部关于软件和集成电路产业企业所得税优惠政策有关问题的通知》（财税〔2016〕49号）

（3）《国家发展和改革委员会关于印发国家规划布局内重点软件和集成电路设计领域的通知》（发改高技〔2016〕1056号）

71. 软件企业取得即征即退增值税款用于软件产品研发和扩大再生产企业所得税政策

【享受主体】

符合条件的软件企业。

【优惠内容】

符合条件的软件企业按照《财政部　国家税务总局关于软件产品增值税政策的通知》（财税〔2011〕100号）规定取得的即征即退增值税款，由企业专项用于软件产品研发和扩大再生产并单独进行核算，可以作为不征税收入，在计算应纳税所得额时从收入总额中减除。

【享受条件】

软件企业是指以软件产品开发销售（营业）为主营业务并同时符合下列条件的企业：

（1）在中国境内（不包括港、澳、台地区，下同）依法注册的居民企业。

（2）汇算清缴年度具有劳动合同关系且具有大学专科以上学历的职工人数占企业月平均职工总人数的比例不低于40%，其中研究开发人员占企业月平均职工总数的比例不低于20%。

（3）拥有核心关键技术，并以此为基础开展经营活动，且汇算清缴年度研究开发费用总额占企业销售（营业）收入总额的比例不低于6%；其中，企业在中国境内发生的研究开发费用金额占研究开发费用总额的比例不低于60%。

（4）汇算清缴年度软件产品开发销售（营业）收入占企业收入总额的比例不低于50%［嵌入式软件产品和信息系统集成产品开发销售（营业）收入占企业收入总额的比例不低于40%］，其中：软件产品自主开发销售（营业）收入占企业收入总额的比例不低于40%［嵌入式软件产品和信息系统集成产品开发销售（营业）收入占企业收入总额的比例不低于30%］。

（5）主营业务拥有自主知识产权。

（6）具有与软件开发相适应软硬件设施等开发环境（如合法的开发工具等）。

（7）汇算清缴年度未发生重大安全、重大质量事故或严重环境违法行为。

【政策依据】

（1）《财政部　国家税务总局关于软件产品增值税政策的通知》（财税〔2011〕100号）

（2）《财政部　国家税务总局关于进一步鼓励软件产业和集成电路产业发展企业所得税政策的通知》（财税〔2012〕27号）第五条

（3）《财政部　国家税务总局　发展改革委　工业和信息化部关于软件和集成电路产业企业所得税优惠政策有关问题的通知》（财税〔2016〕49号）

72. 企业外购软件缩短折旧或摊销年限

【享受主体】

企业纳税人。

【优惠内容】

企业外购的软件，凡符合固定资产或无形资产确认条件的，可以按照固定资产或无形资产进行核算，其折旧或摊销年限可以适当缩短，最短可为2年（含）。

【享受条件】

符合固定资产或无形资产确认条件。

【政策依据】

《财政部 国家税务总局关于进一步鼓励软件产业和集成电路产业发展企业所得税政策的通知》（财税〔2012〕27号）第七条

（三）集成电路企业税收优惠

73. 集成电路重大项目企业增值税留抵税额退税

【享受主体】

国家批准的集成电路重大项目企业。

【优惠内容】

自2011年11月1日起，对国家批准的集成电路重大项目企业因购进设备形成的增值税期末留抵税额准予退还。

【享受条件】

（1）属于国家批准的集成电路重大项目企业；

（2）购进的设备应属于《中华人民共和国增值税暂行条例实施细则》第二十一条第二款规定的固定资产范围。

【政策依据】

（1）《财政部 国家税务总局关于退还集成电路企业采购设备增值税期末留抵税额的通知》（财税〔2011〕107号）

（2）《中华人民共和国增值税暂行条例实施细则》第二十一条第二款

74. 线宽小于0.8微米的集成电路生产企业定期减免企业所得税

【享受主体】

集成电路线宽小于0.8微米的集成电路生产企业。

【优惠内容】

2017年12月31日前设立但未获利的集成电路线宽小于0.8微米（含）的集成电路生产企业，自获利年度起第一年至第二年免征企业所得税，第三年至第五年按照25%的法定税率减半征收企业所得税，并享受至期满为止。

【享受条件】

集成电路生产企业，是指以单片集成电路、多芯片集成电路、混合集成电路制造为主营业务并同时符合下列条件的企业：

（1）在中国境内（不包括港、澳、台地区，下同）依法注册并在发展和改革委员会、工业和信息化部备案的居民企业。

（2）汇算清缴年度具有劳动合同关系或劳务派遣、聘用关系且具有大学专科以上学历职工人数占企业月平均职工总人数的比例不低于40%，其中研究开发人员占企业月平均职工总数的比例不低于20%。

（3）拥有核心关键技术，并以此为基础开展经营活动，且汇算清缴年度研究开发费用总额占企业销售（营业）收入总额的比例不低于2%；其中，企业在中国境内发生的研究开发费用金额占研究开发费用总额的比例不低于60%；同时企业应持续加强研发活动，不断提高研发能力。

（4）汇算清缴年度集成电路制造销售（营业）收入占企业收入总额的比例不低于60%。

（5）具有保证产品生产的手段和能力，并获得有关资质认证（包括ISO质量体系认证）。

（6）汇算清缴年度未发生重大安全、重大质量事故或严重环境违法行为。

【政策依据】

（1）《财政部　国家税务总局　发展改革委　工业和信息化部关于软件和集成电路产业企业所得税优惠政策有关问题的通知》（财税〔2016〕49号）

（2）《财政部　税务总局　国家发展改革委　工业和信息化部关于集成电路生产企业有关企业所得税政策问题的通知》（财税〔2018〕27号）第六条

75. 线宽小于0.25微米的集成电路生产企业减按15%税率征收企业所得税

【享受主体】

线宽小于0.25微米的集成电路生产企业。

【优惠内容】

集成电路线宽小于0.25微米的集成电路生产企业减按15%的税率征收企业所得税。

【享受条件】

集成电路生产企业，是指以单片集成电路、多芯片集成电路、混合集成电路制造为主营业务并同时符合下列条件的企业：

（1）在中国境内（不包括港、澳、台地区，下同）依法注册并在发展和改革委员会、工业和信息化部备案的居民企业。

（2）汇算清缴年度具有劳动合同关系或劳务派遣、聘用关系且具有大学专科以上学历职工人数占企业月平均职工总人数的比例不低于40%，其中研究开发人员占企业月平均职工总数的比例不低于20%。

（3）拥有核心关键技术，并以此为基础开展经营活动，且汇算清缴年度研究开发费用总额占企业销售（营业）收入（主营业务收入与其他业务收入之和）总额的比例不低于2%；其中，企业在中国境内发生的研究开发费用金额占研究开发费用总额的比例不低于60%；同时企业应持续加强研发活动，不断提高研发能力。

（4）汇算清缴年度集成电路制造销售（营业）收入占企业收入总额的比例不低于60%。

（5）具有保证产品生产的手段和能力，并获得有关资质认证（包括ISO质量体系认证）。

（6）汇算清缴年度未发生重大安全、重大质量事故或严重环境违法行为。

【政策依据】

（1）《财政部　国家税务总局关于进一步鼓励软件产业和集成电路产业发展企业所得税政策的通知》（财税〔2012〕27号）第二条

（2）《财政部　国家税务总局　发展改革委　工业和信息化部关于软件和集成电路产业企业所得税优惠政策有关问题的通知》（财税〔2016〕49号）

（3）《财政部　税务总局　国家发展改革委　工业和信息化部关于集成电路生产企业有关企业所得税政策问题的通知》（财税〔2018〕27号）第七条

76. 投资额超过80亿元的集成电路生产企业减按15%税率征收企业所得税

【享受主体】

投资额超过80亿元的集成电路生产企业。

【优惠内容】

投资额超过80亿元的集成电路生产企业减按15%的税率征收企业所

得税。

【享受条件】

集成电路生产企业，是指以单片集成电路、多芯片集成电路、混合集成电路制造为主营业务并同时符合下列条件的企业：

（1）在中国境内（不包括港、澳、台地区，下同）依法注册并在发展和改革委员会、工业和信息化部备案的居民企业。

（2）汇算清缴年度具有劳动合同关系或劳务派遣、聘用关系且具有大学专科以上学历职工人数占企业月平均职工总人数的比例不低于40%，其中研究开发人员占企业月平均职工总数的比例不低于20%。

（3）拥有核心关键技术，并以此为基础开展经营活动，且汇算清缴年度研究开发费用总额占企业销售（营业）收入（主营业务收入与其他业务收入之和，下同）总额的比例不低于2%；其中，企业在中国境内发生的研究开发费用金额占研究开发费用总额的比例不低于60%；同时企业应持续加强研发活动，不断提高研发能力。

（4）汇算清缴年度集成电路制造销售（营业）收入占企业收入总额的比例不低于60%。

（5）具有保证产品生产的手段和能力，并获得有关资质认证（包括ISO质量体系认证）。

（6）汇算清缴年度未发生重大安全、重大质量事故或严重环境违法行为。

【政策依据】

（1）《财政部　国家税务总局关于进一步鼓励软件产业和集成电路产业发展企业所得税政策的通知》（财税〔2012〕27号）第二条

（2）《财政部　国家税务总局　发展改革委　工业和信息化部关于软件和集成电路产业企业所得税优惠政策有关问题的通知》（财税〔2016〕49号）

（3）《财政部　税务总局　国家发展改革委　工业和信息化部关于集成电路生产企业有关企业所得税政策问题的通知》（财税〔2018〕27号）第七条

77. 线宽小于0.25微米的集成电路生产企业定期减免企业所得税

【享受主体】

线宽小于0.25微米的集成电路生产企业。

【优惠内容】

2017年12月31日前设立但未获利的集成电路线宽小于0.25微米，且经营期在15年以上的集成电路生产企业，自获利年度起第一年至第五年免征企业所得税，第六年至第十年按照25%的法定税率减半征收企业所得税，并享受至期满为止。

【享受条件】

集成电路生产企业，是指以单片集成电路、多芯片集成电路、混合集成电路制造为主营业务并同时符合下列条件的企业：

（1）在中国境内（不包括港、澳、台地区，下同）依法注册并在发展和改革委员会、工业和信息化部备案的居民企业。

（2）汇算清缴年度具有劳动合同关系或劳务派遣、聘用关系且具有大学专科以上学历职工人数占企业月平均职工总人数的比例不低于40%，其中研究开发人员占企业月平均职工总数的比例不低于20%。

（3）拥有核心关键技术，并以此为基础开展经营活动，且汇算清缴年度研究开发费用总额占企业销售（营业）收入总额的比例不低于2%；其中，企业在中国境内发生的研究开发费用金额占研究开发费用总额的比例不低于60%；同时企业应持续加强研发活动，不断提高研发能力。

（4）汇算清缴年度集成电路制造销售（营业）收入占企业收入总额的比例不低于60%。

（5）具有保证产品生产的手段和能力，并获得有关资质认证（包括ISO质量体系认证）。

（6）汇算清缴年度未发生重大安全、重大质量事故或严重环境违法行为。

【政策依据】

（1）《财政部　国家税务总局　发展改革委　工业和信息化部关于软件和集成电路产业企业所得税优惠政策有关问题的通知》（财税〔2016〕49号）

（2）《财政部　税务总局　国家发展改革委　工业和信息化部关于集成电路生产企业有关企业所得税政策问题的通知》（财税〔2018〕27号）第五条

78. 投资额超过80亿元的集成电路生产企业定期减免企业所得税

【享受主体】

投资额超过80亿元的集成电路生产企业。

【优惠内容】

2017年12月31日前设立但未获利的投资额超过80亿元，且经营期在15年以上的集成电路生产企业，自获利年度起第一年至第五年免征企业所得税，第六年至第十年按照25%的法定税率减半征收企业所得税，并享受至期满为止。

【享受条件】

集成电路生产企业，是指以单片集成电路、多芯片集成电路、混合集成电路制造为主营业务并同时符合下列条件的企业：

（1）在中国境内（不包括港、澳、台地区，下同）依法注册并在发展和改革委员会、工业和信息化部备案的居民企业。

（2）汇算清缴年度具有劳动合同关系或劳务派遣、聘用关系且具有大学专科以上学历职工人数占企业月平均职工总人数的比例不低于40%，其中研究开发人员占企业月平均职工总数的比例不低于20%。

（3）拥有核心关键技术，并以此为基础开展经营活动，且汇算清缴年度研究开发费用总额占企业销售（营业）收入总额的比例不低于2%；其中，企业在中国境内发生的研究开发费用金额占研究开发费用总额的比例不低于60%；同时企业应持续加强研发活动，不断提高研发能力。

（4）汇算清缴年度集成电路制造销售（营业）收入占企业收入总额的比例不低于60%。

（5）具有保证产品生产的手段和能力，并获得有关资质认证（包括ISO质量体系认证）。

（6）汇算清缴年度未发生重大安全、重大质量事故或严重环境违法行为。

【政策依据】

（1）《财政部　国家税务总局　发展改革委　工业和信息化部关于软件和集成电路产业企业所得税优惠政策有关问题的通知》（财税〔2016〕49号）

（2）《财政部　税务总局　国家发展改革委　工业和信息化部关于集成电路生产企业有关企业所得税政策问题的通知》（财税〔2018〕27号）第五条

79. 线宽小于130纳米的集成电路生产企业或项目定期减免企业所得税

【享受主体】

集成电路线宽小于130纳米的集成电路生产企业或项目。

【优惠内容】

2018年1月1日后投资新设的集成电路线宽小于130纳米，且经营期在10年以上的集成电路生产企业或项目，第一年至第二年免征企业所得税，第三年至第五年按照25%的法定税率减半征收企业所得税，并享受至期满为止。

【享受条件】

(1) 集成电路生产企业，是指以单片集成电路、多芯片集成电路、混合集成电路制造为主营业务并同时符合下列条件的企业：

①在中国境内（不包括港、澳、台地区，下同）依法注册并在发展和改革委员会、工业和信息化部备案的居民企业；

②汇算清缴年度具有劳动合同关系或劳务派遣、聘用关系且具有大学专科以上学历职工人数占企业月平均职工总人数的比例不低于40%，其中研究开发人员占企业月平均职工总数的比例不低于20%；

③拥有核心关键技术，并以此为基础开展经营活动，且汇算清缴年度研究开发费用总额占企业销售（营业）收入（主营业务收入与其他业务收入之和）总额的比例不低于2%；其中，企业在中国境内发生的研究开发费用金额占研究开发费用总额的比例不低于60%；同时企业应持续加强研发活动，不断提高研发能力；

④汇算清缴年度集成电路制造销售（营业）收入占企业收入总额的比例不低于60%；

⑤具有保证产品生产的手段和能力，并获得有关资质认证（包括ISO质量体系认证）；

⑥汇算清缴年度未发生重大安全、重大质量事故或严重环境违法行为。

(2) 对于按照集成电路生产企业享受本税收优惠政策的，优惠期自企业获利年度起计算；对于按照集成电路生产项目享受上述优惠的，优惠期自项目取得第一笔生产经营收入所属纳税年度起计算。

(3) 享受本税收优惠政策的集成电路生产项目，其主体企业应符合集成电路生产企业条件，且能够对该项目单独进行会计核算、计算所得，并合理分摊期间费用。

【政策依据】

(1)《财政部　国家税务总局　发展改革委　工业和信息化部关于软件和集成电路产业企业所得税优惠政策有关问题的通知》（财税〔2016〕49号）

(2)《财政部　税务总局　国家发展改革委　工业和信息化部关于集成电路生产企业有关企业所得税政策问题的通知》（财税〔2018〕27号）第一条

80. 线宽小于65纳米的集成电路生产企业或项目定期减免企业所得税

【享受主体】

集成电路线宽小于65纳米的集成电路生产企业或项目。

【优惠内容】

2018年1月1日后投资新设的集成电路线宽小于65纳米，且经营期在15年以上的集成电路生产企业或项目，第一年至第五年免征企业所得税，第六年至第十年按照25%的法定税率减半征收企业所得税，并享受至期满为止。

【享受条件】

（1）集成电路生产企业，是指以单片集成电路、多芯片集成电路、混合集成电路制造为主营业务并同时符合下列条件的企业：

①在中国境内（不包括港、澳、台地区，下同）依法注册并在发展和改革委员会、工业和信息化部备案的居民企业；

②汇算清缴年度具有劳动合同关系或劳务派遣、聘用关系且具有大学专科以上学历职工人数占企业月平均职工总人数的比例不低于40%，其中研究开发人员占企业月平均职工总数的比例不低于20%；

③拥有核心关键技术，并以此为基础开展经营活动，且汇算清缴年度研究开发费用总额占企业销售（营业）收入（主营业务收入与其他业务收入之和）总额的比例不低于2%；其中，企业在中国境内发生的研究开发费用金额占研究开发费用总额的比例不低于60%；同时企业应持续加强研发活动，不断提高研发能力；

④汇算清缴年度集成电路制造销售（营业）收入占企业收入总额的比例不低于60%；

⑤具有保证产品生产的手段和能力，并获得有关资质认证（包括ISO质量体系认证）；

⑥汇算清缴年度未发生重大安全、重大质量事故或严重环境违法行为。

（2）对于按照集成电路生产企业享受本税收优惠政策的，优惠期自企业获利年度起计算；对于按照集成电路生产项目享受上述优惠的，优惠期自项目取得第一笔生产经营收入所属纳税年度起计算。

（3）享受本税收优惠政策的集成电路生产项目，其主体企业应符合集成电路生产企业条件，且能够对该项目单独进行会计核算、计算所得，并合理分摊期间费用。

【政策依据】

（1）《财政部　国家税务总局　发展改革委　工业和信息化部关于软件和集成电路产业企业所得税优惠政策有关问题的通知》（财税〔2016〕49号）

（2）《财政部　税务总局　国家发展改革委　工业和信息化部关于集成电路生产企业有关企业所得税政策问题的通知》（财税〔2018〕27号）第二条

81. 投资额超过150亿元的集成电路生产企业或项目定期减免企业所得税

【享受主体】

集成电路投资额超过150亿元的集成电路生产企业或项目。

【优惠内容】

2018年1月1日后投资新设的集成电路投资额超过150亿元，且经营期在15年以上的集成电路生产企业或项目，第一年至第五年免征企业所得税，第六年至第十年按照25%的法定税率减半征收企业所得税，并享受至期满为止。

【享受条件】

（1）集成电路生产企业，是指以单片集成电路、多芯片集成电路、混合集成电路制造为主营业务并同时符合下列条件的企业：

①在中国境内（不包括港、澳、台地区，下同）依法注册并在发展和改革委员会、工业和信息化部备案的居民企业；

②汇算清缴年度具有劳动合同关系或劳务派遣、聘用关系且具有大学专科以上学历职工人数占企业月平均职工总人数的比例不低于40%，其中研究开发人员占企业月平均职工总数的比例不低于20%；

③拥有核心关键技术，并以此为基础开展经营活动，且汇算清缴年度研究开发费用总额占企业销售（营业）收入（主营业务收入与其他业务收入之和）总额的比例不低于2%；其中，企业在中国境内发生的研究开发费用金额占研究开发费用总额的比例不低于60%；同时企业应持续加强研发活动，不断提高研发能力；

④汇算清缴年度集成电路制造销售（营业）收入占企业收入总额的比例不低于60%；

⑤具有保证产品生产的手段和能力，并获得有关资质认证（包括ISO质

量体系认证）；

⑥汇算清缴年度未发生重大安全、重大质量事故或严重环境违法行为。

（2）对于按照集成电路生产企业享受本税收优惠政策的，优惠期自企业获利年度起计算；对于按照集成电路生产项目享受上述优惠的，优惠期自项目取得第一笔生产经营收入所属纳税年度起计算。

（3）享受本税收优惠政策的集成电路生产项目，其主体企业应符合集成电路生产企业条件，且能够对该项目单独进行会计核算、计算所得，并合理分摊期间费用。

【政策依据】

（1）《财政部 国家税务总局 发展改革委 工业和信息化部关于软件和集成电路产业企业所得税优惠政策有关问题的通知》（财税〔2016〕49 号）

（2）《财政部 税务总局 国家发展改革委 工业和信息化部关于集成电路生产企业有关企业所得税政策问题的通知》（财税〔2018〕27 号）第二条

82. 国家规划布局内的集成电路设计企业减按 10% 税率征收企业所得税

【享受主体】

国家规划布局内的集成电路设计企业。

【优惠内容】

国家规划布局内的集成电路设计企业，如当年未享受免税优惠的，可减按 10% 的税率征收企业所得税。

【享受条件】

（1）集成电路设计企业是指以集成电路设计为主营业务并同时符合下列条件的企业：

①在中国境内（不包括港、澳、台地区，下同）依法注册的居民企业；

②汇算清缴年度具有劳动合同关系且具有大学专科以上学历的职工人数占企业月平均职工总人数的比例不低 40%，其中研究开发人员占企业月平均职工总数的比例不低于 20%；

③拥有核心关键技术，并以此为基础开展经营活动，且汇算清缴年度研究开发费用总额占企业销售（营业）收入总额的比例不低于 6%；其中，企业在中国境内发生的研究开发费用金额占研究开发费用总额的比例不低于 60%；

④汇算清缴年度集成电路设计销售（营业）收入占企业收入总额的比例不低于60%，其中集成电路自主设计销售（营业）收入占企业收入总额的比例不低于50%；

⑤主营业务拥有自主知识产权；

⑥具有与集成电路设计相适应的软硬件设施等开发环境（如EDA工具、服务器或工作站等）；

⑦汇算清缴年度未发生重大安全、重大质量事故或严重环境违法行为。

（2）国家规划布局内重点集成电路设计企业除符合上述规定外，还应至少符合下列条件中的一项：

①汇算清缴年度集成电路设计销售（营业）收入不低于2亿元，年应纳税所得额不低于1 000万元，研究开发人员占月平均职工总数的比例不低于25%；

②在国家规定的重点集成电路设计领域内，汇算清缴年度集成电路设计销售（营业）收入不低于2 000万元，应纳税所得额不低于250万元，研究开发人员占月平均职工总数的比例不低于35%，企业在中国境内发生的研究开发费用金额占研究开发费用总额的比例不低于70%。

【政策依据】

（1）《财政部　国家税务总局关于进一步鼓励软件产业和集成电路产业发展企业所得税政策的通知》（财税〔2012〕27号）第四条

（2）《财政部　国家税务总局　发展改革委　工业和信息化部关于软件和集成电路产业企业所得税优惠政策有关问题的通知》（财税〔2016〕49号）

（3）《国家发展和改革委员会关于印发国家规划布局内重点软件和集成电路设计领域的通知》（发改高技〔2016〕1 056号）

83. 集成电路生产企业生产设备缩短折旧年限

【享受主体】

集成电路生产企业。

【优惠内容】

集成电路生产企业的生产设备，其折旧年限可以适当缩短，最短可为3年（含）。

【享受条件】

集成电路生产企业，是指以单片集成电路、多芯片集成电路、混合集成电路制造为主营业务并同时符合下列条件的企业：

（1）在中国境内（不包括港、澳、台地区，下同）依法注册并在发展和改革委员会、工业和信息化部备案的居民企业；

（2）汇算清缴年度具有劳动合同关系或劳务派遣、聘用关系且具有大学专科以上学历职工人数占企业月平均职工总人数的比例不低于40%，其中研究开发人员占企业月平均职工总数的比例不低于20%；

（3）拥有核心关键技术，并以此为基础开展经营活动，且汇算清缴年度研究开发费用总额占企业销售（营业）收入（主营业务收入与其他业务收入之和，下同）总额的比例不低于2%；其中，企业在中国境内发生的研究开发费用金额占研究开发费用总额的比例不低于60%；同时企业应持续加强研发活动，不断提高研发能力；

（4）汇算清缴年度集成电路制造销售（营业）收入占企业收入总额的比例不低于60%；

（5）具有保证产品生产的手段和能力，并获得有关资质认证（包括ISO质量体系认证）；

（6）汇算清缴年度未发生重大安全、重大质量事故或严重环境违法行为。

【政策依据】

（1）《财政部　国家税务总局关于进一步鼓励软件产业和集成电路产业发展企业所得税政策的通知》（财税〔2012〕27号）第八条

（2）《财政部　国家税务总局　发展改革委　工业和信息化部关于软件和集成电路产业企业所得税优惠政策有关问题的通知》（财税〔2016〕49号）

（3）《财政部　税务总局　国家发展改革委　工业和信息化部关于集成电路生产企业有关企业所得税政策问题的通知》（财税〔2018〕27号）第七条

84. 集成电路封装、测试企业定期减免企业所得税

【享受主体】

集成电路封装、测试企业。

【优惠内容】

符合条件的集成电路封装、测试企业在2017年（含2017年）前实现获利的，自获利年度起，第一年至第二年免征企业所得税，第三年至第五年按照25%的法定税率减半征收企业所得税，并享受至期满为止；2017年前未实现获利的，自2017年起计算优惠期，享受至期满为止。

【享受条件】

符合条件的集成电路封装、测试企业，必须同时满足以下条件：

（1）2014 年 1 月 1 日后依法在中国境内（不包括港、澳、台地区，下同）成立的法人企业。

（2）签订劳动合同关系且具有大学专科以上学历的职工人数占企业当年月平均职工总人数的比例不低于 40%，其中，研究开发人员占企业当年月平均职工总数的比例不低于 20%。

（3）拥有核心关键技术，并以此为基础开展经营活动，且当年度的研究开发费用总额占企业销售（营业）收入（主营业务收入与其他业务收入之和）总额的比例不低于 3.5%，其中，企业在中国境内发生的研究开发费用金额占研究开发费用总额的比例不低于 60%。

（4）集成电路封装、测试销售（营业）收入占企业收入总额的比例不低于 60%。

（5）具有保证产品生产的手段和能力，并获得有关资质认证（包括 ISO 质量体系认证、人力资源能力认证等）。

（6）具有与集成电路封装、测试相适应的经营场所、软硬件设施等基本条件。

【政策依据】

《财政部　国家税务总局　发展改革委　工业和信息化部关于进一步鼓励集成电路产业发展企业所得税政策的通知》（财税〔2015〕6 号）第一条、第二条

85. 集成电路关键专用材料生产企业、集成电路专用设备生产企业定期减免企业所得税

【享受主体】

集成电路关键专用材料、集成电路专用设备生产企业。

【优惠内容】

符合条件的集成电路关键专用材料生产企业或集成电路专用设备生产企业在 2017 年（含 2017 年）前实现获利的，自获利年度起，第一年至第二年免征企业所得税，第三年至第五年按照 25% 的法定税率减半征收企业所得税，并享受至期满为止；2017 年前未实现获利的，自 2017 年起计算优惠期，享受至期满为止。

【享受条件】

符合条件的集成电路关键专用材料生产企业或集成电路专用设备生产企业，必须同时满足以下条件：

(1) 2014 年 1 月 1 日后依法在中国境内（不包括港、澳、台地区，下同）成立的法人企业。

(2) 签订劳动合同关系且具有大学专科以上学历的职工人数占企业当年月平均职工总人数的比例不低于 40%，其中，研究开发人员占企业当年月平均职工总数的比例不低于 20%。

(3) 拥有核心关键技术，并以此为基础开展经营活动，且当年度的研究开发费用总额占企业销售（营业）收入总额的比例不低于 5%，其中，企业在中国境内发生的研究开发费用金额占研究开发费用总额的比例不低于 60%。

(4) 集成电路关键专用材料或专用设备销售收入占企业销售（营业）收入总额的比例不低于 30%。

(5) 具有保证集成电路关键专用材料或专用设备产品生产的手段和能力，并获得有关资质认证（包括 ISO 质量体系认证、人力资源能力认证等）。

(6) 具有与集成电路关键专用材料或专用设备生产相适应的经营场所、软硬件设施等基本条件。

【政策依据】

《财政部 国家税务总局 发展改革委 工业和信息化部关于进一步鼓励集成电路产业发展企业所得税政策的通知》（财税〔2015〕6 号）第一条、第三条

86. 集成电路企业退还的增值税期末留抵税额在城市维护建设税、教育费附加和地方教育附加的计税（征）依据中扣除

【享受主体】

享受增值税期末留抵退税政策的集成电路企业。

【优惠内容】

自 2017 年 2 月 24 日起，享受增值税期末留抵退税政策的集成电路企业，其退还的增值税期末留抵税额，应在城市维护建设税、教育费附加和地方教育附加的计税（征）依据中予以扣除。

【享受条件】

集成电路企业根据《财政部 国家税务总局关于退还集成电路企业采购

设备增值税期末留抵税额的通知》（财税〔2011〕107号）规定，享受增值税期末留抵退税。

【政策依据】

（1）《财政部 国家税务总局关于退还集成电路企业采购设备增值税期末留抵税额的通知》（财税〔2011〕107号）

（2）《财政部 国家税务总局关于集成电路企业增值税期末留抵退税有关城市维护建设税 教育费附加和地方教育附加政策的通知》（财税〔2017〕17号）

（四）动漫企业税收优惠

87. 动漫企业增值税超税负即征即退

【享受主体】

属于增值税一般纳税人的动漫企业。

【优惠内容】

（1）自2018年1月1日至2018年4月30日，对动漫企业增值税一般纳税人销售其自主开发生产的动漫软件，按照17%的税率征收增值税后，对其增值税实际税负超过3%的部分，实行即征即退政策。

（2）自2018年5月1日至2020年12月31日，对动漫企业增值税一般纳税人销售其自主开发生产的动漫软件，按照16%的税率征收增值税后，对其增值税实际税负超过3%的部分，实行即征即退政策（自2019年4月1日起，增值税一般纳税人发生增值税应税销售行为或者进口货物，原适用16%税率的，税率调整为13%）。

【享受条件】

动漫企业须按照《动漫企业认定管理办法（试行）》规定，通过认定。

【政策依据】

（1）《文化部 财政部 国家税务总局关于印发〈动漫企业认定管理办法（试行）〉的通知》（文市发〔2008〕51号）

（2）《财政部 税务总局关于延续动漫产业增值税政策的通知》（财税〔2018〕38号）

（3）《财政部 税务总局 海关总署关于深化增值税改革有关政策的公

告》（财政部　税务总局　海关总署公告2019年第39号）第一条

88. 动漫企业进口符合条件的商品免征增值税

【享受主体】

符合条件的动漫企业。

【优惠内容】

自2016年1月1日至2020年12月31日，经国务院有关部门认定的动漫企业自主开发、生产动漫直接产品，确需进口的商品可享受免征进口环节增值税。

【享受条件】

享受政策的动漫企业应符合文化部等相关部门制定的动漫企业认定基本标准，具备自主开发、生产动漫直接产品的资质和能力。其自主开发、生产动漫直接产品，确需进口《动漫企业免税进口动漫开发生产用品清单》列明的商品。

【政策依据】

（1）《财政部　国家税务总局关于扶持动漫产业发展有关税收政策问题的通知》（财税〔2009〕65号）第四条

（2）《财政部　海关总署　国家税务总局关于动漫企业进口动漫开发生产用品税收政策的通知》（财关税〔2016〕36号）

89. 符合条件的动漫企业定期减免企业所得税

【享受主体】

符合条件的动漫企业。

【优惠内容】

经认定的动漫企业自主开发、生产动漫产品，可申请享受国家现行鼓励软件产业发展的所得税优惠政策，在2018年12月31日前自获利年度起计算优惠期，第一年至第二年免征企业所得税，第三年至第五年按照25%的法定税率减半征收企业所得税，并享受至期满为止。

【享受条件】

动漫企业须按照《动漫企业认定管理办法（试行）》规定，通过认定。

【政策依据】

（1）《财政部　国家税务总局关于扶持动漫产业发展有关税收政策问题的

通知》（财税〔2009〕65 号）第二条

（2）《财政部　税务总局关于集成电路设计和软件产业企业所得税政策的公告》（财政部　税务总局公告 2019 年第 68 号）

（3）《文化部　财政部　国家税务总局关于印发〈动漫企业认定管理办法（试行）〉的通知》（文市发〔2008〕51 号）